SV

Band 923 der Bibliothek Suhrkamp

Friederike Mayröcker
Reise durch die Nacht

Suhrkamp Verlag

Erste Auflage 1986
Suhrkamp Verlag Frankfurt am Main 1986
© Suhrkamp Verlag Frankfurt am Main 1984
Alle Rechte vorbehalten
Druck: Nomos Verlagsgesellschaft, Baden-Baden
Printed in Germany

Reise durch die Nacht

Wir sind jetzt aus Frankreich zurück mein VORSAGER und ich und eben noch in dem Schlafabteil habe ich die kalthängenden Wiesengründe an mir vorüberwischen sehen, mit getrübtem Auge weil mir zum Tränenvergießen die Stunden der Nacht waren auch Verteufelung undsoweiter.

Das war überhaupt keine gute Zeit da und wir kamen überhaupt nicht zurecht mit irgendwas am wenigsten miteinander, also unsere Beziehung hatte sich da erschöpft; überhaupt nicht mit dem Ablauf der Dinge, was dem Umstand zuzuschreiben sein mochte wir beherrschten die Sprache nicht, immer noch nicht trotz zahlreicher Ansätze sie zu erlernen die längste Zeit trotz meiner Verliebtheit in sie, und immerzu fluchen also fluchend durch diese drei Wochen und nichts verstehen von allem was ringsumher geschieht und alles sehr fremd und einengend und bedrohlich finden und sich jederzeit unerwünscht fühlen, ja, ein Gespenst inmitten dieser so herrschaftlichen Stadt inmitten dieser ihrer direkten selbstherrlichen lauten Bewohner, alles bis an den Rand oder sonstwie. Während einem die Tränen kommen.

Ein oder zwei Daunenkissen führe ich immer mit auf Reisen, weil ich sonst in fremden Betten überhaupt nicht schlafen kann, und das einzige was ich auf dieser Reise gelernt habe, war, jederzeit an jedem Ort Schlaf zu finden, das hat mein Körper gelernt noch vor meinem Verstand, das hat mein Körper begriffen auf dieser Reise in dieser fremden Umgebung, etwas das ich

7

mir früher nie hätte aneignen können, eine plötzliche Neigung Eingebung Gabe vielleicht, weil ich dermaßen geschunden war, so wiegte es mich in den Schlaf heute nacht in diesem Reisebett, ich schlief oberdeck während JULIAN unten zur Ruhe zu kommen suchte, das Erklimmen des oberen Lagers machte mir keine Schwierigkeiten, früher hätte ich da nicht einschlafen noch weniger durchschlafen können ich meine in einem solchen Nachtzug, der durch eine unbeleuchtete Gegend rast : aus Angst, es würde einen Zusammenstoß geben vorn in der Lokomotive und alle Wagen würden, aus den Schienen springend, sogleich umstürzen und ihre dürftig bekleideten Passagiere unter sich begraben, und ich habe bis ins hohe Alter geweint, meinen nachwachsenden Kindern nachgeweint die auf solche Art umgekommen sind, sage ich, *James und Susanna*. So tastete ich in der Dunkelheit zum messinggerahmten Stahleinsatz meines Bettes, der Schädel zumindest würde draufgehen dabei, und fern jedem Unterschlupf all meine *verwahrlosten* Sachen, mein ganzer *verwahrloster* Leib, an dem kaum mehr irgend etwas in Ordnung zu sein scheint, also fast nichts mehr funktioniert wie es funktionieren sollte, sage ich, und worüber ich mich ständig hinwegsetze es sei denn die Schmerzen hinderten mich daran, einen Gedanken zu fassen oder Ruhe zu finden. Ich hatte große Hemmungen, das Nachtgeschirr welches neben dem unteren Lager in einem Kästchen mit Kippvorrichtung nach außen untergebracht war, während der nächtlichen Fahrt zu benutzen, der bloße Gedanke daran ließ den Drang nach Entleerung in weiteste Fernen rücken, das sind jedoch alles nur Vermutungen .. und während mein VORSAGER mich zurechtwies daß ich über das Wetter nämlich die herrschende Wetterlage zu reden begonnen hatte und ich ihn fragte ob er dank seiner Wetterfühligkeit voraussagen könne daß es so bleiben würde, setzte er seinerseits an, die allgemeine Weltlage zu beklagen, später sagte er dann, wenn *alle* zugrunde gehen, läßt es sich leichter ertragen, ich wollte noch dieses und jenes zur augenblicklichen Weltlage erfragen aber das hätte zu weit geführt : das merkte ich an den Bleigewichten, den Ausläufern meiner Fragen, in den Falten meines Gewandes, so hielt ich damit zurück, behielt lieber alles für mich, die Rotblindheit holt mich ein, sage ich, fraglich welche Erfahrungen ich daraus hätte gewinnen können, hätte ich mir die Linse des Auges eines Hundes aufpropfen lassen wollen ..

Steigerungen ins Rote, eine erregte erregende Farbe, ein Spanischrot oder Goyarot, eine Farbe die mir nicht sonderlich bekommt weil sie leicht ins Grün überspringt, mir ein Grün vorgaukelt, die Blumendolden am Fensterbrett, ich schlüpfe in die leuchtend rote Samthose (Goyahose) am Morgen, schon stürzen die Tränen, dabei habe ich so wenig Rot in meiner Wohnung und auch nie rote Kleider, einmal als ich sehr jung war, trug ich ein enges rotes Wams, vermutlich um meinen hohen Wuchs hervorzuheben, während die Fliegenvolants mir zusetzten, sage ich. Heute früh rief mich LERCH an und sagte mir, *Maja sei Burschin, Majo Bursche*, meine jüngsten Anfragen betreffend. Verzweigte Ressourcen! verzwergte, meine ich, so auf den bloßen Knien die Weihnachtswäsche. Diese wunderbare Farbe dieses Rot überschwemmt mich, diese

wunderbaren goyaroten Pantalons, ich brenne ja nur
so darauf einen halluzinatorischen Stil zu schreiben,
ich meine ich brauche mich ja nur führen zu lassen, ich
brauche nur die Augen zu schließen und mich führen
zu lassen ach, wie das Blut wallt die Adern .. und bin
ich nicht vielmehr ein Mann Goya ist zum Beispiel
mein Vater, bin ich vielleicht mein Vater mein eigener
Vater, mein Vatervergolder, oder meine Mutter, oder
bin ich vielleicht mein VORSAGER auch JULIAN genannt
und jeder hellen überbordenden Farbe (Seife) entwöhnt, oder bin ich vielleicht jener rotblonde Schlafwagenschaffner, der uns auf dieser unserer nicht
endenwollenden Reise für ein ihm unmittelbar nach
der Abfahrt in Paris zugestecktes *übermäßig großes
Trinkgeld* in jeder Hinsicht vorzüglich betreute ..
dank unserem nervlichen Kontrollsystem überlagern
sich diese beiden Wissen (Wiesen) nämlich Myriaden,
man fingert ich meine fingiert eine Geschichte, also
fabriziert man sie, sage ich. Und obwohl ich beispiels-
weise manchmal selbst mein VORSAGER geworden bin,
bleibt er mir stets geheimnisvoll, kaum je habe ich
jemand getroffen, der mir in all den Jahren so sehr ein
Geheimnis geblieben ist, er ist mir genaugenommen
ein unfaßbares Geheimnis geblieben, das Bild mit der
Kapuzinerkresse (Manet) hat mich sehr gefangenge-
nommen, die Materie bedeutet keine Grenze, die
unendliche Malerei ist eine Fortpflanzung des Lebens,
ein ununterbrochenes Zerstören und neues Beginnen,
wir drücken die himmlische Liebe als Ypsilon in den
Abgrund hinunter, aber jede Bewegung ist wichtig wie
der Wind, altmodisch inkliniere ich zu Verbrühung,
Vertaubung, Verblutung, obgleich ich mich immer

eines besonders guten Gehörs erfreuen durfte, sage ich, meine Gehörgänge sind empfindlich wie die eines jungen Kindes, ich sehe oft Kinder bei großem Lärm beide Hände gegen die Ohren pressen, Nachtschmetterlinge kommen wie *Tiger* in mein Zimmer, *da ist im Mann der Flammenengel offen* .. und nur eine halbe Stunde später, sagt JULIAN, findest du dich bei deinen *Papageien / Papieren*, unsere liebe Frau von der Reise, sage ich, die Müdigkeit saß mir im Kopf und in den Gliedern und ich schüttelte sie heraus indem ich mich immer von einer Seite zur anderen drehte auf meinem Kopfpolster, die Gardine gehoben, im Morgengrauen Strasbourg, ein verlassenes Sportfeld, von weiß leuchtenden Holunderbüschen umrahmt, alles in meinem Leben war immer verzwickt und unscharf und abgestumpft weil da immer ein Makel ist im schönsten Himmelsvergnügen mitunter Teufel, so neigte ich immer dazu, eine Frage-, eine Abhängigkeitsstellung einzunehmen, und ich holte mir gerne von jedermann Auskunft und genoß es, von jedermann unterwiesen zu werden, damit mein Blick sich schärfe, meine Stimmung sich straffe, und mitten in dieser Nachtbefragung als plötzlich das Licht ausging und meine Augen zu nichts mehr taugten so weit ich sie auch aufsperren wollte, blieb mir immer noch mein Körperbewußtsein, mein Leib, meine Schenkel fühlten sich an wie sonst, meine schmerzenden Füße, wie tröstlich!, vermochten noch meinen Körper zu tragen, da ließe sich allerlei ablesen, sage ich, aus dieser Erfahrung ließe sich allerlei ableiten für das eigene Heil, sage ich, draußen hat es geblitzt – – *was ist draußen?*
Auch das Schwätzen mit sich selbst ist das gleiche

geblieben, dieses vertraute Gezwitscher, auch was innerhalb der eigenen Hirnschale abläuft, etcetera, das eigene Seufzen ..

ausgeschwitzt, jetzt habe ich mein Leben bald ausgeschwitzt, sage ich, tappe zum Abort, erblicke mein graues verzerrtes Gesicht im trüben Toilettenspiegel, ein verschlissenes Grau im Spiegel, meine Herzschläge dröhnen, widerhallen in mir wie Donnerschläge, die nachwachsenden Kinder, ich hätte ihnen alles vermacht, wären sie am Leben geblieben, ein Garten dessen Vernachlässigung mich des öfteren hart trifft, du vernachlässigst dich, du gibst zu sehr nach, ruft mein VORSAGER doch das verfängt nicht bei mir, die Szene ist immer die gleiche, die Seele, am Schreibtisch, am Sommerort, in der Nacht, hier bei Nacht auf dieser nicht endenwollenden Reise. Welch ein Glück, man weiß daß am Morgen die Sonne aufgehen wird, rot ganz rot in Hochroterd habe ich öfter Briefe gewechselt mit LERCH, und Blumensträuße gepflückt violett und weiß heute ist Sonntag, manchmal weiß man nicht was für ein Tag ist, es geht um die Farbe es geht um die Zunge, der Ara / Papagei in der Tierhandlung, mit Zebrazeichnung auf seiner Brust, mit wissendem Blick, sein Blick ruhte lange auf mir, es geht um die neue Farbe, es geht um die neue Zunge, den neuen Blick daß / damit ich irgendwo aufruhen kann, irgendwo Halt gewinne, daß / damit mein Fuß irgendwo Tritt fassen kann, ich meine ich streune ich strome ja nur so herum, mein Kontrollsystem ist voll vibrierender Spannung, ein gutes Dutzend Dinge will ich gleichzeitig tun, ein gutes Dutzend Dinge kann ich gleichzeitig denken, erfühlen, verstehen, mir ins

Gedächtnis rufen. Wenn mich die Menschen verletzen, bin ich selbst schuld, ich meine ich nehme es auf mich weil ich schuldig bin. Nachtschmetterlinge wie *Tiger* in meinem Zimmer, in der Zimmermitte der Dattelkern, auf Storchenbeinen, der liebe Tag, mein Uhrglasauge ist aufgewacht, auf die schöne Sonne fallen die kühnen Berge, mein Arbeitstisch steht nahe am offenen Fenster, vermutlich zu nahe als daß nicht alles Papier mit dem geringsten Hauch weggeweht würde, so bin ich lange genug in diesem Zimmer gewesen, so bin ich lange genug in dieser Zeit geblieben, ich bin auch weltscheu geworden, vermeide Begegnungen und Kontakte, mein Verlangen nach Stille und Ausschaltung jeglicher Störungen wird immer größer, ist beinahe größer geworden als jenes nach Nahrungsaufnahme und Schlaf, aber ich weiß nicht welches Ziel ich damit verfolgen möchte, es ist daß ich mich auf etwas besinnen will von dem ich nicht, oder noch nicht, weiß was es ist, ich habe zwar alles mögliche unternommen, ich habe mit unzähligen Menschen Berührungen ausgetauscht, habe die Orte und Jahreszeiten gewechselt, aber tatsächlich habe ich mich von meinem Schreibplatz nicht wegbegeben, von meiner *Schreibarbeit*, naturgemäß hier ist mein Platz und Zuhause, aber vielleicht spielt sich alles nur in meinem Kopf ab, vielleicht ist es so daß wir nur noch in der Vorstellung leben, dieses und jenes zu tun, vielleicht vollziehen wir alles nur noch in unserem Kopf, sage ich, wir leben womöglich nur noch dank unserer Vorstellungskraft die wir jahrzehntelang gepflegt und betätigt haben, das sind jedoch alles nur Vermutungen, sage ich, draußen blitzt es, es ist zwei Uhr vierunddreißig, der Zug ist in eine Station eingefahren. Bin ich zu Hause bin ich nicht unterwegs und auf Reisen, kann ich zwischen einem halbleichten, leichten, halbschweren, schweren Hut (Hund) wählen, habe ich die Wahl zwischen den dunklen und helleren Kleidern; bin ich jedoch unterwegs und auf Reisen, gestaltet sich begreiflicherweise alles viel schwieriger, ich bin jeder hellen überbordenden Farbe (Seife) entwöhnt, ich meine ich bin seit Tagen jeder Seife entwöhnt, jedem Gebrauch von Seife, seit Tagen keine Waschungen mehr, was noch keine spezifischen Auswirkungen gezeitigt hat, sonst, zu Hause, während des Reinigungsprozesses die besten Einfälle, mehrmals am Tag, alles zu seiner Zeit, daß die Schreibheftchen übergehen davon, aber hier, sage ich, während dieser bedrückenden ja glücklosen Reise sind meine Körpersäfte zum Stillstand gekommen ich meine ich könnte wahrscheinlich noch tagelang so bleiben ohne daß meine Umgebung oder ich selbst darunter zu leiden hätten. Altmodisch inkliniere ich zu Verblutung, Verbrühung, Vertaubung, obwohl ich mich immer eines besonders feinen Gehörs erfreuen durfte, ja, manchmal war es mir schon vergönnt, einen Echoeffekt zu erzeugen vermittels ich weiß nicht was, ebenso ist es meinem Vater ergangen, das ist ein starker Standpunkt, alles zu seiner Zeit, einmal nahm mich mein Vater (als Kind) in einen Kirchturm mit, während er läutete lief ich unter der Glocke durch, der Schwengel streifte mich am Kopf, ich wäre beinah erschlagen worden, als ich mit fünf Jahren eine Bergtour unternahm, wendete mir der grenzenlose Sturm den Schirm und trug ihn weit fort, *rechts und links in meiner Figur sah man die Hörner,* als ich einmal das Vieh weidete, griff mich ein böser Stier an, wenn nicht ein Knecht herbeigekommen wäre, hätte mich das Tier übel zugerichtet, aber meine Mutter rief meinen Vater als Fürbitter an, sie stammelte Dankgebete zu meinem Vater daß er mich noch einmal errettet hatte, wie so viele Male vorher, mein Pfeifenvater, armer Pfeifenvater, Vatervergolder (Goya), NADA. NICHTS. Auf dem Rücken des Hundes lag Schnee ..

Wie war das mit der Zitrone, sage ich, mit der Farbe gelb, wie war das mit der Zeit, sage ich, wo ist sie immerzu hingekommen, wie ging das eigentlich zu, sage ich, wie sollte wie konnte man da noch aufruhen, auch zur Besinnung kommen, mein Wort in der Blutrinne, etwas schnellte plötzlich vom Tisch : Dinge machen sich selbständig! zwei Brotschnitten kamen auf den Fußboden zu liegen, vermutlich während des Frühstücks vom Tisch gefallen, eingekerkert zwischen den Fenstern brummt eine Fliege – – ich würde sie wohl zu befreien haben, ein Mobile aus Kleiderhaken, ein ungefähres Danebenstehen, eine Zitrone liegt auf dem Tisch : *eine Schönheit!* sie liegt da, sage ich, als wollte sie sich auf das Gemaltwerden vorbereiten, und während meine Finger sie umklammern, erinnere ich mich an etwas, es hängt mit meinem Vater zusammen, alles hängt im Grunde mit meinem Vater zusammen, ich hatte lange nicht mehr daran gedacht, sage ich, alles zu seiner Zeit zuerst das mit der Zitrone, er ließ manchmal, wenn ich auf Besuch kam, zum Scherz kleine Dinge in meinen Manteltaschen verschwinden, Äpfel, Orangen, zusammengeknülltes Papier oder kleine Gegenstände des Hausrats, es beulte die

Taschen aus, und ich sollte es erst bemerken, wenn ich ihn verließ, während ich meinen Mantel überzog. Verböschung und Ufer, da liegt die blanke Zitrone herum, daneben eine rote Serviette, sage ich, er kippte in seinem Stuhl hintenüber, einmal lag er mit dem Gesicht nach unten auf dem Sofa und schien zu schlafen, und ich erschrak, das Ausblasen von Türen und Fenstern (Herz), so bin ich lange in diesem Zimmer gewesen so bin ich lange in meiner Zeit geblieben so höre ich lange die Schritte der Zeit über die Menschen hin ..

zur Steuer der Wahrheit, die Filzstifte liefen aus, in der Nacht blau und grün, große an den Rändern gezackte Kleckse haben mir alles überschwemmt, alle Notizen verdorben, als ich gestern nach Muscheln suchte, dachte ich über Wert und Unwert, Schönheit und Häßlichkeit, Täuschung und Verführung dieser Welt nach, dabei fiel es mir schwer die Orientierung zu halten, die Materie ist immer irreal wie die Wellen des Meeres, sage ich, bei nachträglicher Betrachtung bin ich von Unheil zu Unheil getaumelt, verkohlt und verbrannt, riß mir das Auge fast aus, schnitt mir die Hand, spießte die Farben oft auf, hektische Zuckersachen ..

Tisch und Pult, die kleinen Bleistifte, der Alarm .. warum, so frage ich mich, bekomme ich manchmal die quälende Vorstellung nicht los, ich müßte mir einen spitzen Gegenstand durchs Trommelfell jagen, ich sperre den Mund weit auf und ein riesiger sonnenverfinsternder zürnender Engel in schwarzem Klauenhabit stößt mit scharfer Fittichklinge die beiden weißen Schlangeneier in meinem roten Gaumengebirge auf,

worauf sich mein Rachen augenblicklich mit einem
mich zu ersticken drohenden gierig verknäulten Nat-
terngezücht füllt so daß ich mich blutig erbrechen muß
.. die vielen Tugenden ich habe es selbst gesehen, das
weiße Flockengewölk, ich möge mich wegscheren ..
weil ich sie liebe, spieße ich die Farben oft auf, aber ich
habe mich allen hellen überbordenden Farben entwöhnt, aber ich gerate in große Erregung, wenn ich
dunkelrote, dunkelviolette Bäume sehe, Blumen in
meiner Zimmerumgebung, der schöne Brief mit dem
Papageienverschluß, im Schaufenster der Tierhandlung der gemusterte Ara zum Beispiel, das sind Sitti-
che / Papageien auf der Wäscheleine im Hof gelbe
blaue und grüne Wäscheklammern im Wind, ein Spanischrot, Goyarot, wieselt zu grün hinüber, auf emotionale Anregungen hin versuche ich diese Papageiensprache durchzuhalten, im Norden der Stadt sah ich
ein Straßenschild RUE OBERKAMPF, daneben in Spray-
schrift HILFE ICH LEBE, Zettelchen gegen den Hagel,
auch andere Hagel- und Blitzableitungen, das Herz
soll Feuer fangen im Taubenblut, nach dem Blitzun-
glück habe ich immer wieder Blitze vor meinen Augen
gesehen, ich habe es selbst gesehen wie das fahrerlose
Auto sich ruckweise weiter bewegte, die Fliegermütze
der Fliegermai, die Motorradkappe, die Kappe des
Motoristen, ich habe da mehrere Hypothesen,
schreien und schreiben, in ein Notizbuch, *vielleicht*
auch chauffieren, hatte ich nachts notiert, er hatte ja
leidenschaftlich chauffiert, war immer ein rasanter leidenschaftlicher Fahrer gewesen, meine Mutter in der
Beiwagenmaschine, neben ihm, verging fast vor
Angst, ich habe auch eine Fotografie, wo sie mit flat-

ternden Haaren, eigentlich *flatterndem Kopf* dahin-
brauste, ich habe es selbst gesehen, mit einer Silber-
schärpe saß sie auf dem Trittbrett des Talbot, mit
einem unergründlichen Lächeln auf ihrem lieblichen
Gesicht, die Hände an der linken Hüfte verschränkt,
meine Erinnerungen reichen nicht weit zurück überhaupt kann ich mich kaum an etwas in meiner Kindheit zurückerinnern, meine Erinnerungen sind in den
alten Fotografien erhalten geblieben, so erinnere ich
mich auch an mich selbst, sage ich, an meinen Vater,
an alle verstorbenen Verwandten und entfernteren
Angehörigen meiner Familie, gewisse Bewegungen
meines Körpers schienen blendende Blitze hervorzu-
rufen, ich erinnerte mich nicht sogleich nach dem
Erwachen daran, vielmehr später bei irgendwelchen
häuslichen Verrichtungen, o ich weiß die Stirn ist
Norden, die Füße Süden, der linke Arm Westen, der
rechte Osten, o ich weiß das Äffchen wartet draußen,
plustert sein Kleid, auf dem Fußabstreifer ist das
Käuzchen gesessen und hat gewartet daß ich es ein-
lasse, während ich drinnen sitze, die Beine gestreckt,
bis die Füße mir qualmen, der Rauch stieg schon auf,
sie waren schon angesengt, rufe ich, ich habe es ja so
kommen sehen, ruft sie, es ist mir unzählige Male
vorgegangen, ich habe sogar davon geträumt, ich erinnere mich nicht genau aber es scheint alles mit meiner
Mutter zusammenzuhängen, beklemmende Kohärenz, es scheint alles mit meiner Mutter, mit meinem
Vater zusammenzuhängen, es umhüllten ihn Bart und
Wälder, sage ich, und er war ein Fels ohnegleichen /
Luftzapfen oder wenn er mir zu verstehen geben
wollte, daß er gerne an meinem Arm einen Spazier-

gang machen würde und ich eine meiner perfiden Ausreden gebrauchte nur um ihm nicht zur Verfügung stehen zu müssen, wie: Es ist so gar kein Wetter heute!, Es ist so ein Übergangswetter von kalt zu heiss, oder umgekehrt!, ich klage mich an, ach ich klage mich meiner verabscheuungswürdigen Niedertracht, meiner auf die Spitze getriebenen schamlosen Lieblosigkeit an .. Pfeifenvater armer Pfeifenvater, o wie sehr du am Leben hingst

..

(»Gianozzo, wo lebst du, Lämmchen? Kannst du mir nicht erscheinen?«)

Wie ein Opfer wie ein Uhu, das Herz ist eigentlich ein Uhu, meine Gebeine sind erschrocken .. *ich bin schon ganz leicht, am Leben* ich bin begehbar geworden für alle, ich identifiziere mich mit allem was mich umgibt, beziehe alles auf mich, *ist es noch immer die Eitelkeit?*

Das Leben ist ein bißchen entwichen, hat seine Darbietungen fast beendet, ich habe eine Analyse gemacht mit fünfundzwanzig und fünfundvierzig, habe alles wieder abgebrochen, ein Katarakt von Tränen, der Schmerz von Magen und Herz hat das seine dazu beigetragen, eigentlich ist der Traum weg, *ich habe solche Angst vor dem Erzählen*, nur Notizen, zigeunerhaft, marginales Gekritzel, oder auf erbrochene Briefumschläge, Julian ist grün koloriert, sein besorgter Blick ruht lange auf meinem Gesicht, aber Julian ist durchwirkt von Regen und Wärme, ich meine die Farbe rosa, *oder Schönheit durch Wahrheit*. Also ein Vogelgespann, sieben Monate sieben Jahre nein siebzehn Jahre nahm ich eine Chance wahr und sie erwies sich als richtig, aber warum kann ich ihm jetzt nichts mehr offenbaren?

Ich liege da, jetzt liege ich da, das sanfte Toben in meiner Brust, Vogelschwärme vermutlich. Ich liege da, mit geschlossenen Augen, aber die Geräusche der Außenwelt dringen weiter zu mir herein, ich verfolge sie bei geschlossenen Lidern, werde ihrer teilhaftig, kann sie entschlüsseln. Ich öffne die Augen, stütze mich linksseitig ab, finde den Fokus nicht mehr, schließe die Augen, es ist noch sehr früh, ich höre JULIANS Schritte die Treppe hinaufsteigen, zu seinem Zimmer, er hatte draußen hantiert, sich vermutlich das Frühstück gemacht, sich wieder zur Ruhe begeben, wie jeden Morgen. Ich liege da, jetzt liege ich da, es hat mich erwischt, unerklärbar wie das meiste was mich betrifft. Wenn ich mich ruhig verhalte, lassen sich die Vogelschwärme allmählich nieder, sobald ich mich aber bewege, fliegen sie auf, wie aufgescheucht fliegen sie alle auf, bei schlechtem Wetter sogar die Wolken, was weiß ich. Man muß ruhig bleiben, sich nicht bewegen, um sie in Schach zu halten, der Arzt sagt, Sie sind ganz normal aber man weiß ja nie was noch kommt, ich sage zu ihm, nein es ist nichts Psychisches, diesmal hat es nichts mit meinem Nervensystem zu tun, diesmal sitzt es woanders, Brustkasten, offensichtlich das Herz, was weiß ich, mich würde das auch nicht wundern, sage ich, nach all den Aufregungen und Belastungen und zermürbenden Zuständen der vergangenen Jahre und Jahrzehnte, mich würde das nicht wundern, einmal ist eben alles zu Ende, aber zu früh, *mir kommt das zu früh!*, schreie ich meinen Arzt an, *ich habe noch viel zu tun!* Wie schwach ich mich fühle! ich liege regungslos auf dem Bett und warte auf das Ende. Gleichzeitig fühle ich mich zuversichtlich, daß alles sich doch noch einmal wenden könnte, was ich Augenblicke später wieder anzweifeln muß, halte ich mir meinen Zustand vor Augen. Auch vergleiche ich meine Situation mit jener meines Vaters, ehe er ins Krankenhaus eingeliefert wurde wo er wenige Tage später starb, fünf Jahre sind es, auf den Tag genau, er ruft mich zu sich, aber ich will noch nicht!, schreie ich meinem Arzt entgegen, ich will noch nicht! Verstehen Sie mich, können Sie mir folgen, schreie ich ihm entgegen, dieses portionierte Leben! dieses mein portioniertes Leben und Schreiben hat mich fertiggemacht, das hat mich durch die Jahrzehnte hinweg vollkommen fertiggemacht und ruiniert, ich sehe auch schlechter, wie schwach meine Augen geworden sind, wie ungenau man sieht, kann man schon bald nicht mehr feststellen, man gewöhnt sich ja auch an das Schlechtersehen, wie überhaupt an alles, der trockene Mund, Geschmack nach Eisen, was weiß ich, um die Wahrheit zu sagen, ich verbrachte die meisten Tage an diesem Sommerort mit einem sinnlosen Hin- und Herlaufen als sei ich ständig auf der Suche nach etwas, ich lief die Stiegen hinauf zu den oberen Räumen und wieder hinunter ohne etwas gefunden zu haben, so verstrichen die Tage, atemlos, der ganze Fuß ist ein Stein, gab ich zur Antwort als JULIAN mich fragte, ist ein Stein im Fuß ist ein Stein im Schuh, wollen wir spazierengehen? (er hatte die Hand an der Klinke des Gartentors), aber ich sagte zu ihm, du siehst wohl daß wir eben zurückkommen, er spielte dann die Schwegelpfeife im Innern des Hauses, ich saß auf der

Schwelle zwischen Wohnzimmer und Terrasse, es war vor oder nach dem Gewitter, die Vögel schrien, und hüpften in den hohen Birken, in der Mitte des Gartens, zwei weißgekleidete Gestalten zogen jenseits des Gartens am Wiesenrand hin, bläuliche Schatten, die bläulichen Schatten, sage ich, die Achselhöhlen mein bläuliches Hemd, und hält man ein wenig inne inmitten der Pracht, verweilt man ein wenig, wird man momentweise eingelassen in dieses Reich, miteingesponnen in diesen URWIESENGRUND, in diese Populationen von Schierling und Wiesenschaumkraut, Klee, Holunder und Schachtelhalm, Kerbel und Kleiber, Sprachknabe, Mohn und Raps, Mücke und Schmetterling, Schafgarbe, Raupe und Salamander, und wie das Haar der Frauen auf den Feldern wächst!, rufe ich, ich bin vielleicht am Rande eines Wassers, wenn der Wind durch meine Schilfhaare bläst ist es ein Flötenton, ach die Haare meiner Kinder, dufteten nach Nüssen, oder Metall .. *James und Susanna* ..

In abgebogenen, *namentlich Gebirgsgegenden* (abgelegenen), sah ich die Lyra ohne Querbalken aus zwei geknickten Baumruinen sich zusammensetzen im Wald, auch eine frisch geteerte Straße sich vor mir schlängeln, darüber ein Kohlweißling, während der Nadelwald sein *Dirigentenhändchen* hob und senkte und den sechzehn Winden gebot, daß es mir schien, nicht die Winde herrschten über den Wald sondern der Wald über die Winde, auch schien er sie im nämlichen Takt zu halten. Also mit ihren *Schwur- und Victoryhändchen* die hohen Tannen und Fichten in jedem Lufthauch, mit ihren *Schwur- und Victoryhändchen* nach oben wippend, wogegen der Laubwald es vorzuziehen schien, ein Werkzeug des Windes zu bleiben, eine Geste der Abtrünnigkeit vielleicht, rufe ich, oder was wollten die Nadelwälder mir sagen? Mein Schatten gab sich als Tiermensch, häßliches Zwitterwesen, so schnüre ich durch ebene Wälder, eine Heiligkeit der Knabe im Garten im Regen mit Trompete : Rhabarbergarten, neben dem jätenden Vater, gelbgrüne Lobelie. Vom Sausen und Schleifen der Sense durchs feuchte Gras, ohnegleichen, vom Streichen gegen den Schleifstein bin ich erwacht, es war noch sehr früh, lautes Gezischel, und Pistentramway, die verrotteten Wagen standen seitlich in der gemähten Wiese umher, viele Schmetterlingsschwärme kommen vorüber, wenn ich im Garten liege oder auf der Terrasse sitze, ich verfolge sie lange, auch Bachstelzen, Zeisige, Elstern, ich sehe wie sie sich in den Zweigen der beiden Birken wiegen, oder von Baum zu Baum, *ich lese viel Kafka.* (LERCH schreibt mir über den Aufenthalt des Dichters in den Wasserheilanstalten von Riva), zu Mariä Schnee den fünften Achten, ich ging den Weg einer Katze und pflückte Beifuß und Baldrian, *Name kommt ins Besitzlose ..*

eine Zeit, sage ich, ohnegleichen, wo es von einer Wetterstimmung in die andere geht, und wir die Körperverfassung des kommenden Tages an den Spuren des Windes, an den Wolkenformen und -farben, an der Tiefe der Schatten ablesen zu können glauben, einmal wollte ich auch die Geschichte meiner Schritte aufschreiben, die mich vom Berg leicht über die Wiesen und Stege talwärts trugen nein, trieben, *mit den Aposteln und Flugzeugen*, und wie erschöpft ich war als ich das Tal endlich erreicht hatte, Bouquets im

Schlaf, die scharlachroten Pelargonien in allen Fenstern sah ich nicken, oder Blutstropfen (weltgesetzt) ..
auch Traumworte, rufe ich, rote Propellerschleife, Momentstövchen das die Seele wärmt, man neigt ja eher dazu, den Traum für Wirklichkeit zu halten als umgekehrt. Obwohl es auch solche Momente gibt! Im Zug der Schmetterlinge das gleißende Brustgeschirr, ICH SEHE NOCH! empfindsames Tauchbad, ICH SEHE NOCH, DIE HEITERE NATUR! noch ist die Zeit nicht ganz abgelaufen, noch kann ich ein staunender Zeuge sein, Waldschatten, Herzflüge, wildernde Luft ..
ein Stilleben, Stillestehen, ein Atemholen, nichts regt sich, Augenblicke vollkommenen Glücks, ein Naturerinnern, sage ich, es riecht nach verbrannter Nacht, Tannenreisig, Grabkämmerchen –
zur Steuer der Wahrheit, ich habe es selbst gesehen, meine Möbel allesamt in die Höhe gebaut, denn da gibt es nicht ein breites Feld, ich habe wieder die Blitze vor meinen Augen gesehen, oder wie wenn zur Dämmerung ein Blitz noch einmal die Landschaft in gleißendes Licht taucht, eigentlich aufreißt und auseinanderreißt, so sah ich wieder *Erinnerungsblitze*, die Wahrheit ist, ich bin ein Mensch fast ohne Erinnerungen, ich habe zum Beispiel die allerundeutlichsten Erinnerungen an meine frühe und spätere Jugend, aber vielleicht ist das Leben zu weitläufig geworden um alles zu überblicken, sage ich, vielleicht sind die Motive irgendwo gespeichert, aber ein Nebel ist vorgezogen, die Horizontlinie nicht mehr auszumachen. Alles zu ungenau, hier und da noch Punkte, erkennbare hellere Stellen, die Schlüsse auf weitere Fixpunkte zulassen mögen, meist sind es aber nur bloße Vermu-

tungen, etwas Schattenhaftes das sich momentweise einer greifbaren Erinnerungsschicht zu nähern scheint aber entschwindet sobald wir versuchen danach zu fassen, so konnte ich mir kaum mehr Gewißheit verschaffen, vielleicht ein Nachlassen meiner Auffassungsgabe, rufe ich, so liefen die Filzstifte aus, beklemmende Kohärenzen, es hängt mit meinem Vater zusammen, alles hängt mit meinem Vater zusammen, ich bin sehr schwach jetzt, es ist drei Uhr morgens, ich habe wieder Unterbrechungen beim Schlafen, ich liege oberdeck, in der Nacht blau und grün, Rückreise von Paris, dann laufen die Filzstifte aus, überschwemmen mir alle Notizen, oder wie soll ich es nennen.

Blauer und grüner Wasserfall, ein kaum zu stillender Tränenstrom, mein Vater hält sich zeitverschoben irgendwo auf wo wir nicht hinreichen ich meine mit unseren Körpern, der grenzenlose Sturm, sage ich, der uns in die unmittelbare Nähe des Zustandes einer inneren und äußeren *absoluten Nacktheit* schleudert, wehrlose Nacktheit des Geborenwerdens und Sterbens –

(»Gianozzo, wo lebst du, Lämmchen? Gianozzo, Lämmchen, willst du am Himmel weiden? Kannst du mir nicht erscheinen?«) ..

Also sind wir schon fortgeschritten im Begreifen wichtiger Dinge, sage ich, oder in eine Tageskulisse verschoben : *Schönheit durch Wahrheit.*

Vor mir grün. Tränen. Tannen, Unkraut, Stauden. Wir jäten nicht wir mähen nicht. Geruch nach verbrannter Nacht, es befällt mich sommers manchmal eine große Wehmut, eine große Bangigkeit, ein großes

Erbarmen mit ihm. Fahle Sonne, süßer Mond : wie sehr er das alles geliebt hat, Wärme und laue Luft, und die Schwärme der Falter. Das hat ihn alles durchströmt, das hat ihn alles beglückt, das durchströmt, das beglückt nun auch mich, ich bin mein Vater geworden, Vatervergolder, und ist schon wieder vorüber.

Ich stehe am Fenster, es war eine Vollmondnacht, ich beuge mich aus dem Fenster, betrachte den Mond, die ersten drei Sterne, sauge den Duft der Linden. Er steht neben mir, dicht an meiner Seite, lehnt wie früher am Fenster, lächelt, atmet und schweigt. Das Ausblasen von Türen und Fenstern (Herz), das rosa Blühen im Garten. Ein Schatten hat meinen Blick gekreuzt wie eine Klinge, ich bin sehr erschrocken, auf alles weine ich. Auf dem Tisch lag ein Pfirsichkern, eine halbe Nuß und ein Blatt von einem Kirschbaum was ich alles sehr liebte, ich bewohne jetzt nur noch Reste meines Zimmers, heute gegen sieben Uhr war ich einen Augenblick lang was ich eigentlich bin, das sind jedoch alles nur Vermutungen, ich frage mich oft habe ich eine *Seelenkrankheit?*

Leben. Nichts. Es geht ein wenig schwerer, langes Besinnen, plötzliches Zusammenfahren. Nichts. Lange Pause. Immer nichts. Gott ist im Herzen (halbe Herzform), das Häkchen unten, der Halt an Gott. Warum immer nur das halbe Herz? Er verläßt mich nicht, auch wenn andere es tun, alle es tun, das drückt den Flug, aber er fliegt über Mauern und Berge, durch Meerestiefen, und über Bergeshöhen, der untere Teil ist ein Arm, ein Flügel.

Niemand. Nur auf der Straße sah ich jemand in einem

schönen Kleid, direkt an der Krone das Blanke, die Schwimmhaut zwischen den Fingern (Knäuel von Haaren), lederner grüner Mopedfahrer als Salamander, sein kupferfarbener Helm blitzt in der Abendsonne, ein Knabe mit einem Skateboard unter dem Arm kam gelaufen, die Buntspechte erscheinen mir zu Mariä Schnee, ich spieße die Sonne auf, ich spieße die Farben auf, aus dem österreichischen Landschaftskleid, neben mir Schwan und Alm, ein sehr verbundenes Reisekleid, ich spieße die Farben dann auf, zwei Wolken (Wochen) nämlich die Fotografien die ich von mir selbst in der Südvilla (Espang, Allerheiligen) gemacht habe .. es kam einer *Schweißaktion* gleich, *er zerriß dann draußen irgendwelche Makulationen*, und ich spürte es in meinem Körper als zerrisse mir jemand Eingeweide und Herz, mir ist nicht zu helfen, wo ist mein Bienenfleiß, wo ist mein Bienenfleiß hingekommen, wo sind meine Kinder, Kinderzähne hingekommen, manchmal ein Lichtstrahl durch die heruntergelassene Jalousie des Schlafwagenabteils, beschämende Körperverfassung, schreie ich in mich hinein, erniedrigender Körperzustand, vagabundhaftes Reisekleid ich möge mich wegscheren, erniedrigender Körperzustand, rufe ich, *als Frau wenn man als Frau alt wird*, ich meine das ist eine erniedrigendere Sache als wenn man als Mann alt wird .. meine erbärmlichen Pappfüße kaum mehr zu spüren, mein kleiner Lederschlauch : versackender Körper, *verschlampt bin ich hauptsächlich bodenlos*, das Blanke direkt an der Krone, sage ich, nämlich meine Organe. Auch muß sich in meine Organordnung irgend etwas eingeschlichen haben, eine fatale Verwirrung, oder ich weiß nicht wie ich es sagen soll. Und das kann nicht von heute auf morgen geschehen sein, nein das muß sich schon jahrelang, jahrzehntelang angebahnt und angekündigt haben, ich habe aber darauf nie geachtet, überhaupt nicht auf meinen Körper ich meine ich habe überhaupt nie auf irgendwelche Warnsignale und Anzeichen meines Körpers geachtet, weil es mir immer als Vergeudung meiner Zeit erschienen ist, auch sind meine übrigen Kräfte zurückgegangen, die Leistungen meines Kopfes zum Beispiel, ich vergesse ja alles, ich bin, um die Wahrheit zu sagen, ein Mensch ohne Erinnerungen geworden, ich habe buchstäblich alles vergessen, was je in meinem Leben von Bedeutung gewesen ist für mich, hie und da blitzt es wohl noch auf, und ich sehe Vergangenes an mir vorüberziehen, aber das meiste habe ich vergessen, eigentlich alles, ein paar helle Punkte, sage ich, sind übriggeblieben. Selbsthaß und -schuß, kannst du mir folgen?

Die Worte gehen mir aus die Haare, ich reagiere auch nur noch mit verlegener Stummheit, wenn ich zu jemandem sprechen soll, auch bin ich immer das Gegenteil, mein ganzes Leben hindurch, das Gegenteil von einem tüchtigen *Selbstverkäufer* gewesen, auch was ich in Hülle und Fülle besaß, konnte ich nie an den Mann bringen also vermitteln. Nicht so wie jene *genialen Selbstverkäufer* die aus einer dürftigen, ja nichtvorhandenen Schreibintelligenz jahrelang schamlos Kapital zu schlagen verstehen indem sie die Ausdünstungen ihrer mißratenen Hirne auf die Menschheit loslassen, ich hingegen habe auf diesem Gebiet nie eine Begabung gehabt, ich habe mich immer, mein ganzes Leben hindurch, im Hintergrund gehalten, die Straßen des Erfolgs habe ich nie betreten, ich habe immer die größten Umwege gemacht, nicht nur in meiner Kunst sondern auch in meiner Menschwerdung, weil ich nie über *Mundtaschen* verfügt habe, rufe ich, weil ich mich immer so *aus der Welt* gefühlt habe, rufe ich, *aus allen Wolken*, nämlich Gemütssperre (Verfohlung), aus den kleineren Briefen, Zeigehändchen wie Phalli, Schulterblätter von Hirschtieren . .

ich spieße die Farben auf, meine Pappfüße taugen nicht mehr, ich spieße die Farben dann auf, in meinem Unterstand (Volière) vor meiner altgewordenen OLYMPIA (Manet), aber da hatte Goya längst seine MAJA gemalt gehabt, sage ich, grün eben. Rot. Jetzt bin ich fast weg, jetzt bin ich schon fast hinweg, aber dort an unserem *Dichteraufenthalt* (Sommerort, Allerheiligen Espang) rannte ich wie verrückt durch die Zimmer und stiegenauf, stiegenab, nämlich weil ich mir vorgenommen hatte, meine *Schreibarbeit* dort ruhen zu lassen wurde ich fast verrückt davon, meine *Schreibarbeit* lag dort brach, ich hatte es mir versagt, dort meine *Schreibarbeit* weiterzuführen, und statt meiner *Schreibarbeit* nachgehen zu können, rannte ich stundenlang herum, hügelauf hügelab, und im rasenden Gänseschritt kreuz und quer durch den riesigen Garten und immer im Kreis auf der Terrasse, solange meine Pappfüße durchhielten, aber die meiste Zeit verbrachte ich liegend und lesend, ich verbrachte die meiste Zeit mit dem Lesen meiner Lieblingsdichter. Die Wahrheit ist, ich ging nie ohne Schreibpapier und Stift an die Lektüre, auch bin ich nie imstande gewesen, mich in eine Lektüre einzulassen ohne pausenlos zu exzerpieren, es ist wie eine Krankheit. Es ist auch jederzeit ein Kriterium für die Qualität dieser meiner Lektüre gewesen : dort nämlich wo es nichts zu exzerpieren gab, gab es auch nichts zu lesen für mich etcetera.

Ort der Erkenntnis. Ist mir ein Worteinfall geblieben bis zum Morgen, ein einziger Satz, ist mir die Formulierung eines einzigen Satzes gelungen, habe ich einen Satz, einen Worteinfall aufschreiben können, stürze ich schon in die Knie und stoße mein Dankgebet aus, ist mir ein Satz, sind mir eine Reihe von Sätzen gelungen, falle ich schon aufs Knie, danke und bitte, verströme mich in demutsvollen Gebetsdanksagungen, Gebetsphantasien, weil ich ja nie daran glaube, aus mir alleine etwas zustandezubringen, in meiner völlig verwahrlosten inneren und äußeren Existenz, sage ich, ist es mir ein Wunder wenn meine *Schreibarbeit* mir gelingt, wenigstens Teile davon, ist es eine Parabel, sagt JULIAN und verhängt mit meinen schwarzen Kleidern die Sonne, das sind dann deine LEBENSNOTIZEN geworden, sagt JULIAN, indem er die Fingerspitzen über mein staubiges Mobiliar gleiten läßt. Dort in Allerheiligen Espang hatte ich ja keine Voraussetzung für meine *Schreibarbeit*, rufe ich, ich meine es trieb mich immer davon und ich glaubte immer, nach etwas auf der Jagd sein zu sollen von dem ich aber nicht wußte was es war, vielleicht meine *Schreibgründe*, *Schreibabgründe*, die ich hier bei mir zu Hause jederzeit in ihrer Selbstverständlichkeit vorfinde, sonst aber nirgends.

In den Beeren die kleinen spitzen Steine, in den Kronen die bunten hüpfenden Vögel, rufe ich, alles Gebetsphantasien, auch das Atmen, dieses dein Atmen im Nebenraum, rufe ich, ist schon eine Verwirrung, eine mich zärtlich anrührende Ablenkung, eigentlich ist der Traum weg, aber wenn ich mich mit dir an einem anderen Ort aufhalte, möchte ich auch dieses dein vertrautes Nebenmiratmen nicht missen, obwohl es mich im Grunde zu einem im gleichen Takt Atmen auffordert, aber ich kann es nicht, bin es gar nicht imstande, obgleich ich sehr anpassungsfähig bin, immer schon gewesen bin, nämlich erzogen bin, und in dem Maße als ich mir alles vorschreiben lasse, bäume ich mich auch schon dagegen auf, was letzten Endes Bedrückung und Schmerz über meine eigene Unteilbarkeit in mir hervorruft, eine herbei-, eine herabgewünschte Verknechtung, nein Beweinung, rufe ich, aber Aufbäumung, rufe ich, kannst du mir folgen, ein Schlag-, ein Schlangenanfall, alles zu seiner Zeit, ein Birnenblatt auf dem Küchentisch, manche gestehen mir nur einen Scheinleib zu, ich habe Angst vor dem Schreiben, nein es liegt vielmehr eine Erlösung darin, ich habe solche Angst vor meinem Versagen, ich habe Angst vor dem Erzählen, ich bin gegen das Erzählen, immer schon, ich bin immer schon gegen das nackte Erzählen gewesen, vielleicht gegen seinen unangemessen großen Anspruch, sage ich, ich habe die großen Ansprüche auch von seiten meiner Umgebung nie gemocht, treffe ich auf jemand mit großen Ansprüchen, ziehe ich mich sofort in mich selbst zurück, ich ziehe mich dann in den äußersten Winkel zurück, mir schwebt jetzt eine neue *Verbindlichkeit* vor, gleicherweise *ungezügelt : gestochen*, kannst du mir folgen, habe ich nicht acht Arme und kann zu

gleicher Zeit viel arbeiten, denken? Bisher ist mein
Leben eine Enthüllungs-, eine Aufdeckungsarbeit
gewesen, mein Schreiben hingegen eine Verhüllungs-,
eine Entstellungsarbeit gewesen, jetzt werden die
Techniken ausgetauscht, oder einander angeglichen,
wie soll ich es sagen, ich möchte des Handelns enthoben sein, oder : ich möchte jeglicher Handlung enthoben sein, oder: ich möchte jedem Handlungsansatz
zuvorkommen, oder : ich möchte jedem Handeln und
jeder Handlung zuvorkommen, da gibt es ja Parallelen, sage ich, ich bin kaum imstande zu handeln und
ich bin kaum imstande eine Handlung zuzulassen, ich
handle nicht gern und ich lese nicht gerne was eine
Handlung hat, also schreibe ich auch nicht was eine
Handlung hat oder andeuten könnte ich meine davon
platzt mir der Kopf, der herrschende Teil der Seele.
Das sprengt mir die Brust, wenn ich daran denke ..
dort in Allerheiligen Espang, da habe ich den komplet-
ten *Wortuntergang* erlitten, ich habe mich untergehen
gefühlt, ich gehe ein, ich gehe auch ein, nur den
Büchern habe ich es zu verdanken gehabt, daß ich
nicht wirklich zugrunde ging, sage ich, vielleicht hatte
ich mich auch schon zu einer Schattenfigur entwickelt
gehabt in jenen Tagen und Wochen und Monaten, an
diesem unserem *Sommerort*, die Vermutung kam mir,
als Leute die meinen Weg kreuzten, keine Anstalten
mehr trafen mir auszuweichen, sie wollten tatsächlich
durch mich *hindurchgehen*, alles zu seiner Zeit, sie
wichen dann aber doch noch in letzter Sekunde aus,
wie man einem unzumutbaren Hindernis auf dem
Bürgersteig ausweicht, Exkrementen von Hunden
zum Beispiel mit offensichtlichem Mißbehagen und

Abscheu, das ist ein starker Standpunkt, sage ich, ich ging den Weg einer Katze und pflückte Beifuß und Baldrian, ich begriff meist nichts von den Geschichten die man mir erzählte, das ist es, ich begreife das alles nicht, um die Wahrheit zu sagen, ich begreife überhaupt nichts und niemand, ein Gartentisch, darauf die Maschine, ein Sofa, ein wackliger Stuhl, ein Papierkorb, das ist meine Schreib-, meine Lebenssituation, die Natur riecht nach verbrannter Nacht, oder stufenabwärts nach einer Kinderheimat, die mir einmal der vertrauteste Platz war, *und ist schon wieder vorüber.*

Die grünen Ritter kamen zu mir ins Zimmer bei Nacht, durch das kleine offene Fenster, Grashüpfer, Rosenkäfer, schillernde Nachtschmetterlinge, unfaßbar die Bläue des Morgens, ich am Weiher hüpfend und hockend, das Gerinnsel des Bächleins verfolgend, im empfindlichen Tauchbad fahle Sonne und süßer Mond, Rosennachmittagsstunden, Schwärme der Falter ..

in vielen Richtungen hin war ich immer besessen, ich neigte dazu, immer schon, steht es uns aber an, absolut zu sein oder zu scheinen, wo wir in Wahrheit doch nur Schwächlinge sind was die Liebe angeht .. der Liebe und Kunst verfallen, der Kunst und Natur verfallen, Milieu war auch Handarbeit, oder wie soll ich sagen, in den Beeren die kleinen spitzen Steine, in den schütteren Kronen die bunten schreienden Vögel, ich weiß manchmal nicht, was für ein Tag ist, aber ich lasse die Zeit vorwärts und rückwärts laufen, ich gehe zum Beispiel nie daran, ein Buch zu lesen ohne Stift und Schreibblock, und, um die Wahrheit zu sagen, ich falle aufs Knie wenn mir ein paar Seiten gelungen sind, ich bekreuzige mich vor einer Reise um den Segen Gottes auf mich herabzuflehen, und eine tiefe lustvolle Stimmung durchströmt mich wenn ich meine Beine meine Füße gebrauchen kann wie früher, wie geschwind, wie gewandt, wie wißbegierig sie vor mir herlaufen, es gelingt sogar noch hangauf, unverzüglich will ich am Himmel weiden, ich schnüre durch ebenen Wald, Stimme des Regens oder Geweih, in eine Tageskulisse verschoben : *als ich Parma mit einschloß*, sage ich, *als ich Parma einbrachte, aber in falschem Zusammenhang*, ich meine als ich davon erzählte daß ich in Parma gelesen hatte, aber vergaß daß es in Italien war und nicht in Frankreich, ich meine ich erzählte von meiner Frankreichreise und dann gleich wieder von meiner Italienreise, und immer verwechselte ich die Städte miteinander, die italienischen mit den französischen und die französischen mit den italienischen, nur bei Venedig war ich sicher, ich wußte wir waren bei Regen dort und es war unwirtlich im Hotel weil nicht geheizt und ich ging, Kopf nach unten, ich stürzte mich in den Menschenstrom oder Menschenstrudel, also ging ich klopfenden Herzens mit meinem großen Schirm in Venedig spazieren alle fünf Tage an welchen es fast pausenlos regnete, und klopfenden Herzens über die belebtesten Brücken und überfülltesten Straßen und Plätze, erfüllt vom Abwehren der Vorstellung, Vorübergehende oder Entgegenkommende könnten mir mit ihrem Schirm allzu nahe kommen und mich verletzen, also hatte ich immerzu die schlimmsten Befürchtungen, genaugenommen konnte ich an nichts anderes mehr denken, die Wahrheit ist, ich habe nichts von

Venedig gesehen als aufgespannte Schirme und die bedrohliche Annäherung von Passanten, so daß ich schließlich eine Augenverletzung buchstäblich herausgefordert, ja auf mich herunterbeschworen hatte, besonders die jungen Leute, wenn sie mit ihren aufgespannten Schirmen mir entgegenkamen oder von hinten an mich anstießen, versetzten mich in einen Zustand panischer Angst, ich fühlte mich ständig bedroht, war ständig in Schweiß gebadet, wich schließlich sogar den Blicken der mir Entgegenkommenden aus, *zum Tod durch die Löwen.*
Man zeigte mir die Zähne, gewaltig!
Ich habe es selbst gesehen, nämlich auf all diesen Reisewegen, Italien Frankreich und immer die Städte gewechselt, sage ich, eine größere Aufgeschlossenheit herrscht da, eine größere Geschlossenheit aber auch der unbändigste Lärm, dann riß mir der Kiefer entzwei ich meine von all diesem lärmenden Durcheinander riß mir der Kiefer entzwei und überhaupt alles, die starke Reibung zwischen der Seele und äußeren Welt, ich habe lange mit mir selber nicht mehr umgehen können, und alles ist mir durch die Finger geronnen, ich fliege dann abwärts und aufwärts, zusammen mit meiner Mutter, das ist dann alles sehr aufreibend gewesen, ich habe manchmal gedacht ich bin vernichtet aber dann ist schließlich doch etwas ganz neu herausgekommen dabei, kannst du mir folgen, das ist ein starker Standpunkt, ich möge mich wegscheren. Das zersägt mir die Adern, läßt mein Blut stocken, schnürt mir den Unterleib, das sprengt meine Brust, knüllt mir das Herz, trägt mein Gesicht ab, genaugenommen bin ich ein Ungetüm und passe nirgends dazu, bin nir-

gendwo einzureihen, ich meine ich streune, strome ja nur herum, befinde mich in einem beklagenswerten Zustand, rein äußerlich, im Innern diese Wahnproduktionen, ich fliege abwärts und wieder aufwärts, zuerst abwärts dann aufwärts, zusammen mit meiner Mutter, wir stoßen vom Fensterbrett ab, achten dabei auf die Hochspannungsdrähte, eigentlich ist der Traum weg, Ort der Erkenntnis. Aber ich habe darin das äußerste Element kennengelernt, aber da sind die Feuerfüße in meinem Unterstand, sage ich, ein Windstoß, Rumoren draußen, der Nesselstoff bauscht am Fenster, auf der Halde, in Waldeshöhe, vom Fenster aus die quastenbehangenen Weidenbäume, gefiederten Trauerweiden, ausgewaschenes Grün, *was wird denn dann mit mir, wenn ich sterbe wenn ich gestorben bin*, zusammengeknülltes Herz, die Krähen in andere Richtungen, wie du mich liest!

Mit Blüten beschneit, damals, die Ruten der Bäume im bleichen Abendlicht, mit riesigen Blütenmonstranzen die mächtigen Holunderbäume, in einem Hof, von ferne ein leise weinendes Kind, im ausgebleichten Himmelsviereck die schreienden Schwalben, unsichtbar flötenden Amseln : alles von unirdischer Herkunft!, sage ich, als hätte ich damals, in diesen Augenblicken der tiefen Stille eine Vorstellung davon empfangen dürfen, wie mich, *sobald es auch mir bevorsteht*, die Erinnerung dieses Bildes trostvoll hinübergeleiten würde. Polly sagt aber, daß die Zeit sich umkehren wird, Teile von uns können das jetzt schon erfassen, das ist auch der Grund warum unsere Vergangenheit gleichzeitig unsere Zukunft ist. Morgen : Donnerstag, da scheitelt sich wieder die Woche, ich imaginiere zu meinem Unterstand eine tiefe Beziehung oder wie soll ich sagen, die Moschusgeschenke am Morgen, der Fingerputz, ach halbverhangene Tage: will nicht weg!

Die Spagat-Neun im Rinnsal, die blutigbraune Sonne am Morgen, Arbeit des Unbewußten ich wundere mich oft wie viele Assoziationsblitze gleichzeitig in meinem Schädel aufleuchten können, gewissermaßen ein Feuerwerk, elektrisches Funkensystem, wenn wie die Gedanken blitzschnell auch unsere Handlungen sein könnten! Es war völlig unrichtig was Polly unlängst behauptete, nämlich daß Phantasie und Potenz nach dem fünfzigsten Jahr sich verringern, ganz im Gegenteil, dazu kommt noch, daß die Assoziationskraft mit zunehmendem Alter eher zu- als abnimmt, später Rosalia (4. September). Ich las dieses Buch den ganzen Winter hindurch, nahm es dann auch nach Südtirol mit im März und immer hatte ich als Lesezeichen eine alte Postkarte von LERCH eingelegt, ist es nicht seltsam, rufe ich, seine Karte wanderte überall mit, ich lese jetzt schon leichter darin, aber *ich muß immer noch sehr aufpassen daß ich nicht ganz in dieses Buch hineingerate und schließlich vollkommen darin verschwinde ..*

gegrüßt seist du Maria Ebensee, Traum-Ende, da blitzt mir die ganze schreckliche Sonne aus dem Rückspiegel eines parkenden Motorrads direkt an den Sehnerv, ich bin lange geblendet, ich verlerne jetzt auch noch das mit der Hand Schreiben, sage ich, stell dir das einmal vor, sage ich, ich kann kaum noch irgendetwas mit der Hand schreiben, abgesehen von diesen Krakeleien in mein Notizbuch, *diesen genialen Einfällen,* sage ich, die ich nach wenigen Tagen, wenn ich sie wiederfinde, schon nicht mehr entziffern kann, jetzt habe ich tatsächlich verlernt, einen Brief zum Beispiel mit der Hand zu schreiben, ich verfalle dann in eine haltlose Mechanik, in ein gestaltloses Gekritzel, *also Kopfverworfenheit*, sage ich, *oder Geistesfaulheit*, auch fallen bestimmte Buchstaben übergroß aus, andere zittrig entstellt, auch sieht man den Zeilen an, daß sie mit großem Aufwand hingeschrieben wurden, ich habe also nicht nur das Denkenkönnen und Kombinierenkönnen sondern auch dieses mit der Hand Schreibenkönnen eingebüßt. Nachdem mir die Erinnerungen beinah völlig abhanden gekommen sind, habe ich jetzt auch das mit der Hand Schreiben verlernt, Hirnäste schöne Verschränkungen, allmählich verlerne ich alles, sage ich, allmählich scheint sich alles mit Dingen anzufüllen, die meine *Schreibarbeit* behindern wenn nicht gar unmöglich machen, das sind jedoch nur Vermutungen, bei sonnengesprenkeltem Land, wir passieren gerade die Grenze, kommt mir die Einsicht, ich sei im Begriffe, das vor Jahrzehnten gewonnene Bewußtsein des *Erwachsenseins* einzubüßen, es sind diese seltsamen Zusammenhänge und Zufälle, sage ich, ich hatte das ja einmal beherrscht, sage ich, aber jetzt bin ich wieder das staunende fügsame wundergläubige (alte) Kind, was naturgemäß in meinen vorgeschrittenen Jahren weder reizvoll noch beachtenswert ist sondern nur lächerlich und abstoßend auf die Welt wirken muß, so ist mir nicht mehr zu helfen gewesen an welchem Ort auch immer, in welcher Situation auch immer, nur eine halbe Stunde später, sagt JULIAN, findest du dich bei deinen *Papa-*

geien / Papieren und kein Gedanke mehr an den Schmerz, *es muß ja das Leben erst ganz zerrieben sein, daß wir uns finden können!* – Manchmal kommt es wie eine Schreckensvorstellung über mich, rufe ich, was mit mir geschehen wäre, hätte ich aus irgendwelchen Gründen *Analphabet* bleiben müssen, in welche Abgründe von Verlorenheit und Verzweiflung wäre ich da gestoßen worden, man kann sich da allerlei ausmalen, so aber bin ich vielleicht gerettet, sage ich, wenigstens zeitweise, eine mit Schmuck und Brüdern verzierte *Handschrift, auf der Maschine* .. und zwischen den Steinen das vergilbende Gras, den beinah vollen gleißenden Morgenmond deckte mir, wenn ich den Kopf ein wenig verschob im Liegen und Lesen, heute der Lampenschirm zu, ich begann fast darüber zu lachen, imaginierte bewegte bewegende Träume, Taubengefieder, schlief nochmals ein, vor meinen Augen wölbten sich riesige Palmenhainkuppeln, nämlich aus hohen Stachelhalmwäldern ragten die Rükkenpanzer gewaltiger Landschildkröten hervor ..
geschunden wie ich mich fühle, bewohne ich nur noch Reste meines Zimmers, sage ich, überall in meinem *Unterstand* die zusammengebündelten Zeitungen, Bücher und Schriften, ein unvorstellbares Durcheinander, die ich alle einmal noch lesen werde, ich habe es wenigstens vor, japanisierende Stücke und Kelche, Hirnäste, zarte Verschlingungen, allmählich füllt sich hier alles mit Dingen, die meiner *Schreibarbeit* überhaupt nicht förderlich sein können, ja meine *Schreibarbeit* behindern wenn nicht in Frage stellen, das sind jedoch nur Vermutungen, sage ich, und blicke auf den Splitterhaufen auf dem Parkett, ein Glas ist zu Boden

gefallen, ich hatte in meiner Unachtsamkeit ein Glas vom Tisch gestreift, schon bluten die Finger. Auch sehe ich mich immer wieder mit der Möglichkeit eines teilweisen oder totalen Sprachverlustes konfrontiert, sage ich, ich habe oft das Bedürfnis etwas von meinen Geistesphantasien an jemanden weiterzugeben, sie jemandem einzugeben, oder wie soll ich sagen. Ich denke auch manchmal, wie tröstlich es in diesen Sommermonaten, als ich mir das Schreibverbot auferlegt hatte, für mich war, in den Schriften meines Lieblingsdichters die nämlichen Gefühle des Elendseins wiederzufinden, nichts anderes hätte ich lesen können in diesen Tagen und Wochen und Monaten der Geschundenheit, nichts anderes hätte ich lesen mögen als ich immer nur dalag und litt, *eines Tages muß ich zu einem Ende kommen, oder doch wenigstens den Verlauf der Sache bedenken!*, sonst wäre ja alles vergeblich gewesen, kannst du mich lesen?

Ich habe dir den Vertröster gebracht und so fort, sagt JULIAN und blickt mich bedeutungsvoll an, ich dringe in ihn, wer oder was ist der Vertröster, besitzt er oder es menschliche Gestalt? ich bin sehr verwirrt, kann mich nicht fassen, er sitzt im Reisekleid mir gegenüber, will mich vermutlich verlassen, lächelt milde nieder auf mich, ich bin sehr abhängig von ihm in diesen Augenblicken, ganz ohne Würde, bereue nichts, ich bin an ihn angelehnt, habe auch meinen Kopf nicht behalten, eine Art Abwesenheit meines Bewußtseins erschreckt mich, jetzt kommt bald die große Abrechnung, sage ich, LERCH, damals, ist auch immer so vor mir gesessen, ich hatte ihn nie aufhalten können, er kam und ging wann es ihm richtig erschien,

die Gespräche kamen und gingen zwischen uns, aber hinter den Gesprächen lauerte etwas, so scheint es mir heute, es war wie ein Fliegen und Fallen, dahinter war noch etwas verborgen vielleicht meine heimlichen Wünsche und seine heimliche Abwehr, sage ich, in den kleineren Briefen, sage ich, ich hätte ihn am liebsten immer mit LIEBER ALPHABET angeredet, er war Musikdenker, polyglott, eigentlich ist der Traum weg, manchmal kam es mir vor, als würden wir beobachtet werden, als hörte uns jemand zu, alles machte mich leicht euphorisch, selbst das Denken an ihn. JULIAN zerknüllt eine leere Zigarettenpackung, lächelt zufrieden dabei, irgendwie alles illusorisch, rufe ich, alles leere zerknüllte Tage, rufe ich, alles falsch gemacht, alles falsch, alles Lüge, rufe ich, alles gelogen! das stimmt alles nicht, wie die Leute reden und sich bewegen und einander anblicken und agieren, alles Lüge, alles gelogen, die ganze eigene Vergangenheit auch, alles falsch, alles lästerliche Handlungen, Verlogenheiten, ach könnte ich es noch einmal versuchen!
Und man will auch überhaupt nicht konfrontiert sein mit dieser seiner eigenen Vergangenheit, sage ich, hat man ein Alter erreicht, wie ich es erreicht habe, wie wir es erreicht haben, man will überhaupt nicht mehr zurückblicken müssen, weil alles so eine Schändlichkeit war, eine einzige Schändlichkeit und Verlogenheit und Verlorenheit, eine Vergangenheit also vor der einem selbst nur grauen kann, ich könnte auf meine Vergangenheit verzichten, aber ich möchte am liebsten noch einmal beginnen, die Wahrheit ist, man weiß es erst später, vermutlich zu spät, daß man alles falsch gemacht hat, so möchte man sich immerzu reinwa-

schen, neu beginnen, vielleicht ist es ein Menschheitstraum, sich so zu verwirklichen .. ein einzelner Schuh auf dem Gehsteig, zwei Männer verschwinden mit einer langen Linoleumrolle auf ihren Schultern in einer Hauseinfahrt, ein Schlag- ein Schlangenanfall, die schlangenartig emporgewundenen dunklen Äste des Götterbaums, vor dem Hintergrund eines in wunderbar bläulich-rosafarbenem Licht aufleuchtenden Morgenhimmels, die blutroten Lackblüten, Amaryllis (Ritterstern), Blumen der Nacht, schnell schnell bevor ich weine ..

Und kein aus dem Heckfenster des fahrenden Zuges mehr Blicken, rufe ich, wir haben uns freigekauft, gebären jetzt aus dem Kopf, zur Steuer der Wahrheit. Risse in der Wirklichkeit, der Blick auf die dahinterliegenden heiligen Proportionen, vom Blühen angeschneit .. ein Widerbellen im Ohr, rapides Schreiben, in einer Fastenwolke, es gibt ja ganz unterschiedliche Ebenen von Realität, so brenne ich vor Begierde, *dies himmel- und meerrauschende Sofa (Besessenheit)*, so bin ich jeden Tag neu, das Äffchen / das Lämmchen das Käuzchen wartet draußen, unsere abhandengekommenen Kinder, rufe ich, unsere Nachkommenschaft! und am frühen Morgen schon losgezogen, durch die glänzenden Wiesen so saftig alles mein Gott, und nur um das Zeug loszuwerden an jedem Morgen mitten hinein in die blühende wogende Pracht, in den funkelnden Bergen damals, unser erster gemeinsamer Sommer ob du dich noch erinnerst? ein Rapport! eine ungestüme zornige Liebe war damals in uns .. so weiß ist mein Kopf. Ich schaue an mir hinunter, sehe mich in Kleidern daliegen, er baut nur eine Puppe auf den

Tisch, Inversionen des Körpergebrauchs. *Er zerreißt dann draußen irgendwelche Makulationen*, aber ich spüre es als Schmerz in meinem ganzen Körper, als zerreiße mir jemand Eingeweide und Herz, ein Unbehagen, ein Gefühl des Elendseins befällt mich im Augenblick und ich spüre wieder das Auffliegen der Vogelschwärme in meiner Brust, ich spüre das Feuerrad. Das Auto in der Wiese stand da mit seinem schiefgestellten linken Vorderrad als wollte es ausscheren, eigentlich ausschwärmen, erst die Sonne im Rücken, nun kommt sie mir rechts ins Auge, auch frierend, eisig im Reif, so liege ich da, beschlagen. Mit altem Brillenbügel, abgetragenen Kleidern, losem Schuhzeug, auf der ärmlichen Stube, und am Morgen der warme Regen als ich das Haus kurz verließ, die Lerchen über den Stoppelfeldern, das Kraut die Seen voll Spiegel und Schwänen, nacheinander krochen mir drei Feuersalamander über den Weg und vor die Füße, sie bewegten sich mühsam fort, als ich mich niederbeugte zu ihnen, stellten sie sich aber tot, also der liebe Tag, ich gehe ein ich gehe auch ein, die Ablenkung in den Gefühlen, wenn ich allzu nachlässig ausging, nur um eine kleine Besorgung zu machen, einen Brief einzuwerfen, wollte JULIAN mich zurückhalten indem er mir zurief, *in diesem Aufzug! – – in diesen Kleidern! –* – meist setzte ich mich lachend darüber hinweg, mit einem bloßen über die Kleider Streichen könnte ich alles wieder zumutbar machen für meine Umgebung, oder jenes von mir nie wahrgenommene mit wohligen Gefühlen imaginierte Bild, wie JULIAN, hinter mir stehend, mir in den Mantel hilft, meinen Mantelkragen hochklappt, weil er weiß daß ich es gerne so habe, behutsam darüber den ausgedünnten überlangen Haarsaum legt, als habe er es mit einer kindlichen Lockenpracht zu tun, ich habe mir immer eine Art Ewigkeit vorgestellt, Hals mit Spitzenkragen ausgelegt, Spitzenkragen über Mantelkragen gestülpt, die ausgedünnten Haare darüber .. auch betäubender Lebensabschnitt wo alles zusammenschießt, in einem einzigen wehmütigen Augenblick zusammenschießt, sage ich, vielleicht kehrt dann die Erinnerung wieder, sage ich, vielleicht kehrt sie dann zurück, die mich so lange verlassen hat, ich bin ein Mensch ohne Erinnerungen geworden, meine Erinnerungen sind mir irgendwie abhanden gekommen, sage ich, ich weiß gar nicht wie das passieren konnte, vielleicht weil ich mein Leben habe vorüberziehen lassen wie einen Traum, so ist mir alles zerronnen wie Träume eben zerrinnen, dieses im späten September die Straße überflutende Mittagslicht, rufe ich, es macht mich für Augenblicke zum glücklichsten Menschen, rufe ich, das schöne Sehen, aus alten Pferdemärschen, Wacholdergärten .. auf Stelzen gehende Häuser .. ich habe es selbst gesehen, es veränderte die Natur meiner *Schreibarbeit* .. ein merkwürdiges Schnurgeflecht, eine Spagat-Neun am Straßenrand, also rauhreifgeschlagen die Augen, Felder, und offenen Halden, die letzten Lerchen über den Stoppelfeldern, die flackernden halben Schatten am Himmel, Abtönungen einer erstarrenden Erde, eine schöne und schwierige Zeichnung, an manchen Häusern schlossen die um die kleinen Fenster aufgeschichteten Holzscheite die Vorderfront fast vollkommen ein, es sah nach Pelzverbrämtem, bärtig Vermummtem aus, in solchen Verkleidungen, oder

Modellen, in Gold und Flammen die hohen Alleebäume, auch einzelnen Pappeln .. und das mit den
Pilzen, sage ich, zieht wie eine Schleppe nach in mir,
sage ich, er war pilzkundig, vielgereist, ein Musikdenker, Denkhelfer, Gedankenchronist, ich spreche von
LERCH, und unsere Liebe war eine alles erlösende
Eintracht gewesen, eine alles auflösende Vereinigung,
äußerstes Element!
Das macht mich alles leicht euphorisch auch das Denken an ihn, das Denken an LERCH und wie es damals
mit uns gewesen ist, aber meine Aufzeichnungen imaginieren nur alles, das ist alles nicht wahr, oder ich
habe es nur erfunden, so daß es an manchen Stellen
schwerfällt zu sagen WO JULIAN AUFHÖRT UND LERCH
ANFÄNGT, oder umgekehrt, die beiden Gestalten
scheinen manchmal innig miteinander verschmolzen,
ihre Abgrenzung unsicher. Das geht mir alles so ein an
diesem Morgen, ist so durchschaubar geworden, Ton-
sur der Bäume jetzt, aus dem Fenster, an den unteren
Ästen nur spärliches Laub, als müßte ich eine kleine
harte Zitrone auspressen versuche ich eine Entleerung
.. in diesen Bereisungen, sage ich, ich las drei Bücher,
ich las in drei Büchern zugleich, in diesen Bereisungen
versuchte ich, was mir gefiel in meine Taschenbücher
zu übertragen, das gehörte dann bald mir allein, ich
meine ich hatte das Gefühl, alles was ich notiert hatte,
selbst geschrieben zu haben, ich lese auch gern in
Glossarien eigentlich am liebsten, ich suchte alles was
mir gefiel und ich fand die Bücher die mich am Leben
erhielten, eines verwies mich an ein nächstes, eines
reichte mich an ein anderes weiter, es sind immer
egoistische Interessen gewesen die ich verfolgt habe,

zur Steuer der Wahrheit. Die gleichen Textstellen, in verschiedenen Stimmungen aufgenommen, konnten gleicherweise zu Tränen rühren und gleichgültig lassen, sage ich, das bedeutet vielleicht eine Ahnung daß auch hier Sonne und Sterne herrschen, auch bestimmt die aus jeweils unzähligen und unwägbaren Gefühls- und Stimmungsfaktoren zusammengesetzte Tagesposition die Form eines zu schreibenden Textes, oder etwas muß zwangsläufig zum Gedicht werden wenn es die Anlage dazu besitzt, oder wie kommst du zurecht damit?

Schönheit durch Wahrheit, es ist das Abgründige das mich ermutigt, auf emotionale Anregungen hin versuche ich diese Papageiensprache durchzuhalten, oder wie LERCH zu sagen pflegte, Ihr sehr ergebener, in Trance (Honolulu) .. das Ausblasen von Türen und Fenstern (Herz) .. nachts 27./28., Goethes Geburtstag später Rosalia, 4. September, das Abschildern allein tut es ja nicht, da ist ein anderer Stil, *ausführliche Passagen nämlich als Melancholikerin*, die kleinen Phalli in meinem Zimmer, Schulterblätter von Hirschtieren, Taufpatin Leipzig, die Hunde bellen am Horizont ..

etwas bedrängt mich, verfolgt mich, kommt mich an, ich sehe plötzlich wieder das blonde Kind, Flughafen Frankfurt, unter dem Quittenbaum, 9. Oktober, ich spüre wieder die Lust in meinen Fingern, diesem blonden schönen Knaben eine Locke abzuschneiden, er lächelt zu mir herüber, das sind jedoch alles nur Vermutungen, sage ich, der unwillkürliche Wimpernschlag, es geschieht ja alles auf eine Art daß wir kaum etwas merken, ich meine wir sind nicht behindert am

Sehen, ich liege im Schlafwagenabteil, sitze an meinem Schreibtisch hier, in meinem verfallenen Unterstand, das geht mir alles so ein, das geht mir alles so durcheinander, ich habe vielen Dingen den Glauben verweigert, ich meine ich streune, strome ja nur herum, der Schlafwagenschaffner grüßt mich sooft ich während der Nacht die Toilette aufsuche und das zu mehreren Malen mit auffallender Höflichkeit, ich husche geräuschlos auf und nieder in meinen zu großen Plastiksandalen, erschrecke vor meinem Gesicht im Spiegel, schneide Grimassen allein vor dem Spiegel, stoße leichte lachende Schreie aus, das gittert in meinem Kopf also komplexverdächtige Wörter, ich stelle mir alles gern vor, ich vollziehe gern alles in meinem Kopf, wünsche mir blitzschnelles Handeln wie ich es mir beim Denken angewöhnt habe, sonst bleibt tatsächlich alles im Wünschen stecken, sage ich, sonst vollziehen wir alles nur noch in unserem Kopf, wie kommt heute zum Beispiel etwas Eßbares auf den Tisch, frage ich mich am Morgen, eine blonde Frisur im Fenster, schießt es mir durch den Kopf auf meinem Weg zum Postamt, die Schmetterlinge wie Tiger wer hat das gesagt, das mußt du den lieben Gott fragen, ruft JULIAN, du solltest mehr an dich halten, alles für dich behalten, ich zum Beispiel habe meine Zustände am liebsten für mich allein, sagt JULIAN, da könnte jeder kommen und *mitempfinden wollen* mit mir, eine verabscheuungswürdige Vorstellung, ich hätte dann auch noch die Gefühle des anderen auf mich zu nehmen, er würde meinen Zustand so nur verschlimmern, ich würde auf diese Weise nur Zeit verlieren, er würde dann meine Zeit für sich beanspruchen indem er sich

mit meinen Problemen beschäftigt, die eigenen Gefühle auf mich überträgt, die eigenen Stimmungen an
den meinen mißt, die eigene Lebensqual mit der meinen vergleicht, vermittels ich weiß nicht was .. also ins
Dornengestrüpp verwickelt, sage ich, ich habe es
selbst gesehen, grau-starrendes Dachgefieder, die auf
Stelzen gehenden Häuser, ich war in mancherlei Wahn
befangen .. auf dem Rücken des Hundes lag Schnee ..
ich erschien mir selbst oft wie unbeteiligt gegen das
Gute und Böse, ich vermied eine Anteilnahme an den
Vorgängen unserer Zeit, zuzeiten stellte ich nicht ohne
Betroffenheit meine völlige Beziehungslosigkeit der
Welt gegenüber fest, aber ich ging Streitigkeiten und
Gegnerschaften immer schon aus dem Wege, aber ich
spieße die Farben auf, bin allen hellen überbordenden
Farben entwöhnt, ich gerate in tiefe Bewegung, wenn
ich dunkelrote, dunkelviolette Blumen sehe, schaue
immer wieder zurück, um diese leidenschaftliche
Farbe ein weiteres Mal auf mich wirken zu lassen ..
ach wären mir meine Kinder erhalten geblieben, ein
Garten dessen Vernachlässigung mich des öfteren hart
trifft, du vernachlässigst dich, du gibst zu sehr nach,
ruft JULIAN mein Lampist, doch das verfängt nicht bei
mir, eine Verliebtheit in dieses Kleidungsstück, in diesen abgetragenen Mantel, sagt JULIAN, du bist verliebt
in dieses Kleidungsstück, aber es kleidet dich nicht
wirklich also nicht wirklich vorteilhaft, sagt JULIAN,
eine plötzliche Eingebung, eine Verliebtheit in dieses Kleidungsstück, in diesen Mantel, weil du die
Hoffnung daran knüpfst, dir auf solche Weise eine
der Jugend vorbehaltene Lebensunbekümmertheit
sichern zu können, ein verwüsteter Zustand graugrün

zerknittert, *ein Überschuß-, ein Überfalls-, ein Über-schwemmungsulster!*, dazu Rucksack und Tennis-schuhe obwohl die Jahre dir längst davongeeilt sind ..
was ist mit der Zeit geschehen, frage ich, wohin ist die Zeit verschwunden? von Tag zu Tag eine geringer werdende Anpassungsfähigkeit, eine raschere Ermüd-barkeit, und das Bewußtsein von Kontinuität scheint abhanden gekommen. Also assyrisch mit Perlenkette und Bart, rufe ich, an einem Sommerabend wehende Kleider ..
und der Zorn des Lamms ist mir gewiß ..
nach dem Gewitter, die Vögel schrien und hüpften in den hohen Birken, in der Mitte des Gartens, zwei weißgekleidete Gestalten zogen jenseits des Gartens, am Wiesenrand langsam vorüber, eine Leichtfertig-keit, sagt JULIAN, eine Leichtlebigkeit, Gehirnvolière, dein Leben scheint von einer gewissen Leichtfertigkeit geprägt, daraus kommen dann deine Gefühls- und Gedankenverfehlungen und -verstimmungen, deine Angstzustände, deine falschen Reaktionen : immer die Angst irgend etwas zu verlieren, oder zu versäumen, eine Gelegenheit, einen Gegenstand, Teile deines Bewußtseins, Reste deiner Erinnerung, du fürchtest sogar, deiner *Schreibkunst* verlustig zu gehen, letztlich an Sprachverarmung zugrunde zu gehen, öfter scheinst du mir auch wie im Traum zu sein, schlafend und schweigend, nur deinen Impulsen gehorchend, deinen Gedanken nachhängend .. und immer öfter fragst du dich wie du dich verhalten würdest, träte etwas Lebensbedrohendes, Einengendes, und Strin-gentes, irgendein *Ernstfall* ein, und wie du einer sol-chen Bedrängnis begegnen würdest ..

die Krone weiß, das ging alles kunterbunt her, *darunter mußte er warten*, es entwuchs ein wildes Brombeergesträuch meinem Munde, ich höre die Donau oft mit, als hätte der reine Ton den Wind gerufen der heute weht .. während der rasende Zug mich beinahe aus meiner Bettstelle schleudert, in einer Kurve, auf dieser nicht endenwollenden Nachtreise, daß ich nicht lache : Morgentoilette! alles muß endlich und endgültig abgestreift werden, diese verrückten *Anschaffungsexkursionen*, die jedes Mal damit endeten, daß man gerade jenes Stück einzukaufen sich gezwungen fühlte das man im Grunde nicht brauchte, Schallplatten, Bücher, Anzüge, Hüte, Mützen, Kleider und Hausgerät was weiß ich, anhäufen, stapeln, lagern bis alles zu Staub zerfällt, bis man endlich im sechsten, siebenten Lebensjahrzehnt zu wissen glaubt, wessen man immer schon bedürftig war : nämlich nichts mehr zu wollen und nichts mehr zu brauchen, nichts mehr von alledem, in den ältesten Lumpen zotteln, und überhaupt, bis zum letzten zerfetzten Fokus, zum letzten schlaflosen Fokus, mit dem brennenden Rad in der Brust, Feuerrad jeden Morgen, die Wahrheit ist, rufe ich, ich könnte mich ebensogut meiner Verkommenheit hingeben, ja eine solche würde meinem rücksichtslosesten *Schreibwahn* nur entgegenkommen und förderlich sein, ich könnte mein Äußeres ja bis zur Unkenntlichkeit vernachlässigen, unter Umgehung der Morgentoilette zum Beispiel, bis zum zerfetzten weil schlaflosen Fokus und dem Entschluß, die völlig verklebten verunreinigten Unter- wie Oberkleider nie wieder zu wechseln, immer klarer erschien es mir, ich komme ja jetzt schon mit den wenigsten Dingen, den wenigsten Menschen aus, trage weite zottelige Kleider, alte Turnschuhe, Seemannsmütze und Rucksack, lasse mein weiß gewordenes Haar in langen und dünnen Strähnen herabhängen oder bis an die Kopfhaut glattrasieren, etcetera.

Um die Wahrheit zu sagen, ich bot tatsächlich keinen erfreulichen Anblick, und meine Umwelt dankte es mir auf ihre Weise, auch gingen mir wieder die Haare aus, also ich verwilderte zusehends, und Julian sagte, *du läßt dich gehen, in deinem Schreibwahn läßt du dich allzusehr gehen!*, kein Joint, rufe ich, das habe ich nämlich nicht nötig, nie nötig gehabt, Euphorie auch ohne das Zeug, rufe ich, komplizierte Natur mein Uhrglasauge ist aufgewacht (kognitives System), mit dem brennenden Rad in der Brust, Feuerrad jeden Morgen, geschunden zerrissen im Dorngestrüpp, Geruch nach verbrannter Nacht, verdutzte Streunerin, Lumpenfrau, leicht euphorisch und kahlgeschoren, besessen verwüstet gezeichnet vom sanften rasenden Wahn, also betäubender Lebens-Abriss, eingenäht in mein Märchenei oder jenseits der Straße, schnell wechselnde Assoziationen : Hirschtiere über der Schneise, meinesgleichen . .

ich habe Angst vor dem Erzählen, ich habe Angst vor diesem Feuerrad in meiner Brust, ich fürchte mich vor den übelwollenden Blicken der Menschen auf der Straße, alte wie junge, die in einer anziehenden Weise abstoßend und in einer abstoßenden Weise anziehend auf mich wirken so daß ich sie immerzu anstarren muß, ohne daß ich es wirklich will, *an der ganzen Menschheit interessiert mich im Grunde nur ein Mensch und der bin ich*, kannst du mir folgen, ich hatte mein ganzes Leben immer Angst gehabt, Erblindung, Ertaubung, Verkrüppelung, Sprachverlust, Flugzeugabsturz, Tod auf der Straße, Erdbeben was weiß ich, ich grabe nach der Wahrheit aber die Wahrheit versteckt sich, ich bin unwissend ein ganz und gar unwissender Mensch, kannst du das nachvollziehen ein ganz und gar unwissender Mensch zu sein, du mit deinem beneidenswerten unauslotbaren Wissensfundus! manchmal versuchst du mich zu trösten, indem du vorgibst es sei nicht nötig viel zu wissen und du wüßtest selbst nicht genug, oder : die Welt sei langweilig, nicht wert daß man sie erforsche. Aber es kommt auf die Reibung zwischen unserer Seele und der äußeren Welt an, immer nur darauf, rufe ich, wie in diesem Film, rufe ich, ich sah diesen Film, diesen ungeheuren russischen Film, notierte, den Blick auf die Leinwand geheftet, ohne auf mein Exzerpierheftchen in meinem Schoß zu schauen, alles was mir an der deutschen Fassung besonders gefiel und auffiel, alles unbegreifliche ungeheure Dinge, rufe ich, habe ja auch acht Arme und kann zu gleicher Zeit viel arbeiten, denken .. am siebenten November begann ich dieses Buch und begann wieder das Pferd, Haare und Nägel auch Schiffschnauze, Bart – alles wächst mir und fällt wieder ab, das Geschirr und den Schweif von Pferden mit Türkisen geschmückt, auch Artischocken beschnitten, nach himmlischen Ordnungen, sage ich, ich bin ganz in meine Arbeit eingehüllt aber die Arbeit kann einem nicht immer Stütze sein, das geht mir alles so ein an diesem Morgen, ist so durchschaubar geworden, wie der Mond oder ungefähr, ich habe es selbst gesehen, die auf Stelzen gehenden Häuser, deren Vorderseiten vollbärtig oder umwuchert schienen, ihre schmalen Fenster von hochgeschichteten in bräunlich-gelben fellartigen Abtönungen leuchtenden Scheiten umrahmt, Violinschlüssel einer Frau, oder selbständig arbeitende Exzerpiermaschine, sage ich, die alles mitstenographiert was man sagt, beim STALKER zum Beispiel, sage ich, ich habe da alles mitstenographiert, das Notizbuch im Schoß, die Augen auf die Leinwand geheftet, habe ich alles mitstenographiert, die deutsche Fassung so beinahe vollkommen exzerpiert, rufe ich, kannst du mir folgen, ich war außer mir und überwältigt, rufe ich, so etwas ist mir kaum je untergekommen, das geht mir alles so ein, leuchtet mir ein, das gefiel mir ich meine es leuchtete mir auf eine besondere Weise ein, er baut nur eine Puppe auf den Tisch, oder die Dinge haben plötzlich eine telekinetische Eigenbeweglichkeit angenommen. Und mit den Augen hängengeblieben, überall hängengeblieben wie es meiner Art entspricht, sage ich, nicht lange verweilt und weitergetrieben, von neuem verweilt und immer so fort, was du im Grunde ablehnst und abweist, weil du ein sogenannter EINHEITSMENSCH bist, ein kerzengerader EINSPURMENSCH, die Osterluzei und Buchs, jetzt finde ich keinen Trost. Ein betäubendes vielgliedriges Spiel, und kaum hatte ich das Schäufelchen Erde über den mit Reisig ausgelegten offenen Schacht geleert, so daß es hoch- und zurückwehte zu mir, sah ich schon wie Polly mit blassem verweinten Gesicht drüben sich niederbeugte und Reste des frischen Grüns, welches entlang der Allee vom jüngsten Baumschnitt auf den Kieswegen liegen geblieben war, aufnahm und ihr Gesicht darin vergrub, sie nahm dann noch mehr und kam so auf mich zu .. Pfeifenvater, schrie es in mir, armer Pfeifenvater ..

ich finde jetzt keinen Trost, die Einstreu, rufe ich, das offene Grab, das mit frischem Reisig geschmückte Grabkämmerchen, rufe ich, ich kippte die Kinderschaufel, war außerhalb meiner selbst, konnte die Blicke der im Halbkreis um das Grab stehenden Trauergäste kaum mehr ertragen, mein Blick fiel dann auf Polly, und wie sie verweint nach den Buchsbaumzweigen langte und sie an sich nahm und an sich preßte, und wieder hatte ich einen Augenblick lang das Gefühl vor einem Spiegel zu stehen, in dem das Gesicht meines Vaters zu sehen war, das meine eigenen Züge trug ..

beklemmende Kohärenz, ich spüre den Duft des Unterholzes, bin ich vielleicht ein Mann Goya ist zum Beispiel mein Vater, bin ich vielleicht mein Vater, oder meine Mutter – *Name kommt ins Besitzlose*. Ich sehe gespiegelt in mir was er war, und ich sehe ihn jetzt in mir, ich sehe sein Spiegelbild wenn ich mich ansehe, in mich hineinsehe, ich bin ihm so nahe, ich bin ihm so ähnlich, ich werde ihm immer ähnlicher; es geht mir auch mit meiner Mutter nicht anders, ich werde ihr immer ähnlicher, ich werde allen Menschen immer ähnlicher die ich liebe, manchmal sehe ich Doppelgänger von ihm, laufe dann hinterdrein, rufe den Fremden an, lächle dem Fremden zu .. er hatte die Angewohnheit gehabt, beim Reden stehenzubleiben, plötzlich, auch mitten auf der Fahrbahn, aus unerklärlichen Gründen, sage ich, es machte mich ungeduldig und gereizt, und oft suchte ich ihn durch mein Nichtverweilen dazu zu bringen, ebenfalls weiterzugehen, meist rettete er sich dann knapp vor einem Auto durch einen Sprung auf die andere Straßenseite, im nachhinein machte ich mir Vorwürfe die allerschlimmsten Vorwürfe, er hätte sich durch mein Verschulden in große Gefahr begeben, er liebte das Sprechen während des Gehens, obwohl es ihn anstrengte, er war ein schweigsamer Mensch, wie ich, im Grunde ein schweigsamer Mensch aber er liebte es, mit auf dem Rücken verschränkten Armen gehend, und zu jemandem redend, plötzlich, mitten in einem Gespräch stehenzubleiben, vermutlich um die Aufmerksamkeit des Gesprächspartners ausschließlich auf das zu lenken was er gerade sprach, meist ging ich aber in dem Augenblick als er, stehenbleibend, mir etwas auseinanderzusetzen begann, einfach zwei drei Schritte weiter, ohne mich um ihn zu kümmern, er schien dann verletzt, blieb ein wenig zurück, setzte sich später absichtlich langsamer in Bewegung, ließ mich seine Verstimmung spüren. Ich bereute es, ihn gekränkt zu haben und kam ihm beim nächsten Zusammensein mit vermehrter Aufmerksamkeit und Zärtlichkeit entgegen, es war ein schöner *kochender* Tag im September, sage ich, ein grenzenloser Sturm, ein ungefähres Danebenstehen, ich sah die Wölfin im Traum, sie war mir ähnlich, *wasserhelles Alaska besonders die Augen*, auf dem Rücken des Tieres lag Schnee, wir gingen mit der Wölfin in dem Traum auf einen Friedhof, JULIAN und ich, dort hat er mich wieder gerufen, die Krone weiß, er sagte mir er wolle mich bald zu sich holen, also zum Jahrestag, ich war sehr bestürzt, die Wölfin glühende Asche, es war ein aufgelassener Friedhof von mittlerer Größe, das Tier ging voraus, drehte sich aber von Zeit zu Zeit nach uns um wie um sich zu vergewissern daß wir folgten, etwas hatte uns geradezu auf diesen Friedhof getrieben, der sogenannte EVANGELISCHE FRIEDHOF, eine meiner Verwandten lag dort begraben, wir gingen durch die Reihen als wollten wir nach dem Verwandtengrab Ausschau halten, vielleicht hatte auch sie, die längst Verstorbene uns hergerufen, NACHTMANN las ich von einem der Grabsteine, STILLHEIM, LUISE V. BERG, SAPHIR, ULMENAU, SCHÖNWETTER, FINKHOF, LAUERBACH, VORSAGER ..

.. eine ungewöhnliche, erregende Inschriftenlese, rufe ich in dem Traum, wir schreiten dann das Friedhofsgelände weiter ab, bis wir zu einer Promenade kommen .. sitzen dann auf dem Friedhof vermutlich vor unserem eigenen gemeinsamen Grab ich weiß nicht, der sandige Boden vor uns mit Fichtennadeln besät, im Süden das Kreuz, die Fichten-, Föhren- und Lärchenzweige hängen tief auf uns nieder, eine Amsel schmettert auch Goldammer Zeisig, und ich sehe wie die Blätter der vereinzelt stehenden die Nadelhölzer überragenden Laubbäume auf den mit Nadeln vermischten Kies ihre Schatten zeichnen, zittrige arabeskenförmige Schatten, von Ahorn und Buche und Linde, augenblicklich erkenne ich das bislang nicht in Erscheinung getretene efeuumwucherte Amtsgebäude des Friedhofs, in den Landesfarben beflaggt, Eiche, Fichte und Föhre, Lebensbaum, dahinter die sich anschließende Friedhofsgärtnerei, von deren Giebel ein gelbes Kreuz weht, die Ebereschen noch lange nicht reif, gekreuztes Hammerpaar als Wappen, gegen den Himmel wilde Kirsche, Rotbuche, alter Flieder, noch lange bis Sommerende, ein Ginkgobaum weht graue Blattuntersei-

ten, schließlich eine den ganzen sichtbaren Himmel
überziehende plötzliche Dunkelheit, auch *Vatervergolder*, »dann hast du eine andere Erde unter deinen
Füßen ..«, mein Haar ist weiß, ich war nicht mehr
redselig, aber die Wölfin ließ sich nicht wieder blik-
ken, gegrüßt seist du Maria Ebensee, *das Christkind in
seinem Oberleib*, widerhallt es in mir .. gewissermaßen grün koloriert, aber ich gehe einer Gartenangele-
genheit wegen immer wieder dorthin, sage ich, ich
meine ich nehme mir immer wieder vor, davon zu
träumen, überhaupt wiederholen sich bestimmte
Träume immer von neuem, mir träumt zum Beispiel
immer wieder, etwas verloren zu haben, Handtasche,
Schlüsselbund, Ausweispapier, aber ich kann mir
Träume auch bestellen, sage ich, Gestalten im Bauch
des Schiffes und Mutterleib – ich glich mich an alles an
um nicht aufzufallen, ich träume auch immer davon,
die Kleidung zum Beispiel ich passe die Kleidung meiner Umgebung an, so daß ich auf eine gewisse Entfer-
nung hin nicht zu erkennen bin, aber auch meine
Sprechweise, ich gleiche meine Sprechweise meiner
Umgebung an, oder den Briefstil, manche gestehen
mir nur einen Scheinleib zu, sage ich, oder mein Arzt
rät mir, auf meine Gesundheit zu achten, am besten Sie
legen sich einen Garten zu, sagt mein Arzt, gehen Sie
schwimmen! Unternehmen Sie zumindest jeden Tag
einen langen Spaziergang, sagt mein Arzt, wie aber,
rufe ich beinahe verärgert, soll ich die zwei oder drei
Stunden in meinen Tagesplan einbauen, können Sie
mir das sagen, sage ich, ich habe ein Köfferchen auf
dem Dachboden, darin bewahre ich Badekappe,
Schwimmkostüm, Liegematte und Badeschuhe, im

Frühjahr räume ich die Sachen herunter, um sie jederzeit zur Hand zu haben, aber im Spätherbst räume ich
sie wieder zurück, ohne sie benutzt zu haben, das
Köfferchen ist schwarz und trägt die Aufschrift
SCHWIMMUTENSILIEN, aber es ist noch jedes Jahr so
gewesen, sage ich, daß ich die Sachen heruntergeräumt
habe, daß sie dann den ganzen Sommer über hier in
meiner Behausung nur herumgestanden sind, weil ich
die drei oder vier Stunden nie habe aufbringen können, irgendwo hinauszufahren zum Baden, und wenn
die kühlen Tage kommen, jedes Jahr das gleiche, ich
bringe das Köfferchen, ohne es geöffnet zu haben, zu
den übrigen auf dem Dachboden abgestellten Gegen-
ständen, dort schaue ich dann eine Weile mit einem
merkwürdigen Gefühl von Sehnsucht und Wehmut
aus einer der offenen Luken auf die Dächer und Kirch-
türme unter mir, und gegen die Berge am Horizont;
im Halbkreis über der Silhouette der Schornsteine,
halbkreisförmige Salven, Garben von blutroten eis-
blauen Strahlenbündeln schossen im Westhimmel auf
. .
im Grunde habe ich mein Leben vorüberziehen lassen
wie einen Traum, sage ich, im Grunde habe ich alles
falsch gemacht, sage ich, im Grunde ist alles Stück-
werk geblieben mein Leben, meine Verständigung mit
der Welt, alles falsch alles Lüge, im Grunde war alles
gelogen, eine einzige Lüge was ich vorhin gesagt habe,
was ich vorhin gehört habe, meine Aufzeichnungen
imaginieren nur alles, das ist alles nicht wahr, oder ich
habe es nur erfunden, ich nehme alles zurück, oder ich
widerrufe am liebsten alles, alles Schwindel, rufe ich,
auch in der Liebe alles nur Schwindel alles erlogen alles

schon dagewesen, alles abgeschmackt, heruntergehaspelt, in allen Variationen durchgespielt, und der Zorn des Lamms ist mir gewiß –

auch sind meine Aufzeichnungen, rufe ich, nicht Ergebnis bestimmter tiefgründiger Gedankengänge sondern literarischer Techniken, die über das hinausschießen was ich selber begreifen kann, undsofort, Agens zwischen Vater und Mutter, oder ein Gotteswinter. Ich werde ihnen auch immer ähnlicher, sage ich, ein Phänomen, vergleiche ich mein Lächeln auf diesem Bild mit dem ihren im Spiegel, ein Büschel weißer Haare hängt in die Stirn, verschattet die Augen, hier wie dort, ich werde ihr immer ähnlicher, ich werde beiden immer ähnlicher, ich nehme in meiner Vorstellung oft ihre Gestalt an, ich nehme oft die Gestalt meines Vaters an, ich werde ihm immer ähnlicher, ich werde meinen beiden Eltern immer ähnlicher, und weil wir einander so ähnlich geworden sind, kann ich von ihnen, können sie von mir nur die ewig gleichen Geschichten erwarten, ich meine wir erzählen einander fortwährend die gleichen Geschichten vor, was uns zu langweiligen Leuten hat werden lassen, am meisten für einander, sage ich, und sich lähmend auf meine Geisteskraft auswirkt nämlich auf meine Gedankenschrift, oder so ähnlich ich möge mich wegscheren, aber der Tod löst ohnehin alle Zusammenhänge, sage ich, bis wir endlich zu Bruch gehen, dieser BASTARD VON TOD bringt es tatsächlich zuwege, daß wir aus allen Zusammenhängen herausbrechen, daß alles für uns erledigt ist, aus und vorbei! in solchen Verkleidungen, oder Modell, und ist schon wieder vorüber. Johannes der Evangelist zum Beispiel hat sich die Todesstunde selbst wählen, sein Grab selbst schaufeln können, ich sehe darin keinen Vorzug, er ist hineingestiegen und hat sich niedergelegt wie zum Schlafen, aber niemand weiß wo er geblieben ist .. *wer von uns hat einem Vater ins Herz geschaut?*

Das ist ein starker Standpunkt, sage ich, ich fahre wieder in einem Zug, im Traum, bin nackt, versäume es, rechtzeitig auszusteigen, oder ich vermeide es, mich in meiner Blöße aufzurichten und aufzustehen, irgend etwas zu tun was die Aufmerksamkeit der Mitreisenden auf mich lenken könnte, ich sitze zusammengekauert in einer Ecke, kreuze die Arme vor der Brust und habe die Beine angezogen, irgend ein Umstand treibt mich dann doch dazu, auszusteigen aber mit aufgespanntem Schirm, *eine von diesen Majas?*, ich habe Teile meines Gepäcks im Waggon vergessen, oder aus Verlegenheit zurückgelassen? oder ich fand keine Zeit mehr sie zusammenzuraffen, manchmal träumt mir im Anschluß, ich könnte meine Sachen noch rasch zusammensuchen, aber so kunterbunt daß Rucksack und Tasche kaum alles aufnehmen können, ich kratze mich blutig, ich muß mich ganz vergessen können in meiner *Schreibarbeit*, jede Nacht, ich kratze mich blutig, an den Beinen, am Nacken, vielleicht Ersatz ich steige unbekleidet mit aufgespanntem Schirm aus dem Waggon, ich habe es irgendwo gesehen, bei Goya vermutlich, ich imaginiere mich dann als Goyafigur, erst mit aufgespanntem Sonnenschirm, *eine von diesen Majas* Linksdrall betont kokett was mir nicht sonderlich liegt, dann als eine seiner elenden Schattenfiguren .. verfilzter haariger Köter, kleiner Kanake mein Leib, Lederschlauch schrumpft schon zusammen, elender Puppenbalg, *Milieu war auch Handarbeit*, sage ich, kannst du mir folgen?

kann nicht mehr einschlafen, die Nacht scheint endlos, jetzt ist es halb vier Uhr früh, ich bin sehr schwach, wünsche mir sehnlich das Ende dieser Nachtreise, ich halte den Atem an, ich vergrabe die Nägel ins Fleisch –

vielleicht Krücken, Ersatz, fieberhaft nehme ich das Lesen in meinen verschiedenen Lieblingsbüchern wieder auf, ich knipse das Lämpchen an, das zweite Drittel der Nacht schon vorüber gottlob, und wäre es nicht so kalt hier ich würde aufstehen und hinausgehen und den rotblonden Schlafwagenschaffner fragen ob er mir eine Tasse Milch heiß machen kann und mich in sein warmes Abteil setzen für eine Weile und ihn schweigend anblicken, an seinem Tisch oder Sofa, *in dieser Aufmachung*, ruft JULIAN, er sagt nicht wie sonst *Aufzug* oder *Outfit* sondern *Aufmachung*, er gebraucht dieses Wort mit einem merkwürdigen Unterton, in dieser *Aufmachung* kannst du nicht hinausgehen, stundenlang sitzt du in dieser *Aufmachung* auf deinem Bett, läufst sogar auf den Gang hinaus womöglich nur um diesen Schlafwagenschaffner zu beunruhigen, was werden die Leute denken!, damit hatte er einen wunden Punkt berührt, vielleicht überhaupt den wundesten Punkt, ich komme nicht los zu grübeln, rufe ich, ohnehin komme ich nicht los davon mir vorzustellen was die Leute von mir denken, ich sehe mich immer von außen, mit den Augen der anderen Leute, nur selten gelingt es mir, mich davon zu lösen auch von der

Vorstellung der bedrückenden Gegenwärtigkeit der anderen, ich möchte dahinterkommen was sie über mich denken, und was sie von mir halten, warum sie mich mißachten, verspotten, verlachen, oder am schlimmsten, warum sie mich des öfteren gänzlich unbeachtet lassen, mich vollkommen übersehen, ja durch mich *hindurchsehen*, manchmal kommt es mir vor, sie könnten sogar durch mich *hindurchgehen* .. das sollte mir freilich alles gleichgültig sein, und ich habe schon viel gelernt in dieser Richtung aber nicht alles, und Rückfälle gibt es immer, das würgende Brustgeschirr. Denn obwohl ich schon manches abgeschüttelt habe, ist mir doch noch so etwas wie Schamgefühl oder Scheu erhalten geblieben, FUNDUS SO SCHIESST MIR DIE WELT ZUSAMMEN, rufe ich, und obwohl ich in den abgetragensten Kleidern auf die Straße laufe, vermeide ich es doch, in irgendeiner Weise anstößig zu wirken, also hätte ich nie mit offenem Hemd oder offenstehender Hose ins Freie treten mögen, oder mit blankem Kopf, ohne diese meine Perücke die ich trage wenn ich ausgehe und die den spärlich gewordenen Haarwuchs schonungsvoll zudeckt. Aber vielleicht sollte ich jetzt immer mit Handschuhen zu Bett gehen damit ich mich nicht blutig kratze im Schlaf, während ich schlafe, rufe ich, eingenäht in mein Märchenei oder jenseits der Straße die schnell wechselnden Assoziationen wie Hirschtiere über der Schneise, ich habe nicht immer so abstinent gelebt wie jetzt, aber eine gewisse Neigung dazu habe ich immer in mir verspürt, ich kratze mich blutig, kratze mich diese Nacht wieder blutig, stelle mir alles mögliche vor es zu vermeiden, ich stelle mir gerne etwas vor, sehe mich plötzlich als Goyafigur, *eine von diesen Majas*, rufe ich, aufgespannter Sonnenschirm, Linksdrall, betont kokett, das liegt mir nicht ganz, dann schon lieber eine von jenen geschundenen schattenhaften Figuren, sage ich, Sensationen des Auges, wenn ich aus der Dunkelheit plötzlich ans Licht trete, wenn ich aus einem dunklen Raum plötzlich ans Tageslicht trete, läßt die Akkomodation des Auges auf sich warten, gestrichene Passagen, zum Beispiel, mit LERCH, man zeigte mir wieder die Zähne.

Es gibt keine Zeugen, rufe ich, aber es ist wahr ich meine ich habe es vielleicht geträumt wie alles übrige auch, alles mit LERCH und den übrigen, den Knochen haben wir oft gewechselt, Stationen wie Flügelhorn, bloße Landschaftsvermutungen wenn ich augenblicklang die Jalousie lüfte und einen Blick hinauswerfe, ein Orgelton wenn ich Atem hole wie der Mond oder ungefähr, ekstatischer Topos, dieser LERCH (oder WALDMEISTER) hat ein Gesicht gehabt wie MILCH UND BLUT oder wie im Märchen gesagt wird, und er wußte so viel zu erzählen, ich saß über seinen Tisch gebeugt, oder Sofa die ganze Nacht, und er holte weit aus, geriet von einer Abschweifung in die andere, aber ich bin mit den Augen hängengeblieben, ein weiteres Mal, kannst du mir folgen? aber, wie weit mich das Verlangen getrieben hat, weiß ich nicht, ich hatte ihn vermutlich nur aus den Augen verloren gehabt, und nun war er mir wieder erschienen, und ich verlangte von neuem nach ihm mit großem Ungestüm, das hätte ich gern getan aber er schien nicht bereit, so redeten wir lange, ich saß über seinen Tisch gebeugt, oder Sofa die ganze Nacht, daß mein Herz wild klopfte, Disteln und Heidekraut im Papiergras wir lagen lange, schließlich sein Ohr an meine Brust gepreßt, meine Herzschläge zu verfolgen .. die Einstreu, rufe ich, MILCH UND BLUT, ein offenes Grab, und es war auch daß mir plötzlich das Blut kam ich merkte plötzlich die Lache in der ich lag und begann zu weinen vor Scham und Schrecken, sah dann wie er sich abwandte und zum offenen Fenster blickte, die Springflut jetzt wieder in meinem Zimmer das ich tage- ja wochenlang nicht verlasse, ich bin nur noch ein Mensch in einem Zimmer, aber eines Tages muß ich zu einem Ende kommen, oder doch wenigstens den Verlauf der Sache erkennen, zu erkennen trachten, ich krepiere ja sonst wie das Vieh, Bock oder Zicklein die Ziege nahm mich als Bock an und ebenso als ihr Zicklein, umnestelte meine Wange, streifte büschelweise ihr Fell an mir ab, das sind jedoch alles nur Vermutungen, rufe ich, kolorierte Melktierchen, sage ich, ich warte sehnsuchtsvoll auf die nächste Lieferung ..

da war zum erstenmal ziemlich viel mit dem Flugzeug, rufe ich, das Düsenschiff kreuzte weißlich im Himmelsgewölbe, und ich höre mich dann durch die hallenden Metroschächte schrecklich weinen, meine Unterjacke verschwitzt, Almjäckchen Weihrauchgeruch, so habe ich mich versetzt gefühlt mit Hilfe meiner Gedankenbesessenheit, so habe ich mich in die Lüfte gehoben gefühlt, aber bald stößt mein Schädel von neuem gegen die Betondecke dieser Verliese, mit den Sesselheiligen, rufe ich, mit dem Messer zwischen den Zähnen aus den Wassern des Schlafes getaucht, rufe ich, Strandgut der Nacht, oder wie die Zigeuner, rufe ich, wenn sie die rohen grünen Bohnen über dem offenen Feuer rösten, während sich in der Ferne ein Schuß löst .. Herabkunft des Feuers, und Lüsterklirren!

Ich schaffe den Unrat weg, schaffe immer von neuem den Unrat weg, in diesem meinem vollkommen heruntergekommenen HAUSUNWESEN, wie viele Reinigungen (Entfernungen) nötig sind bis wir uns keiner Essenz mehr zu schämen brauchen .. was mir die Wunden kühlt, ich weiß es nicht, es könnte auch dieses durch alles Hindurchgehende und Helfende der Sprache sein, Herabkunft des Feuers, so hat es geblitzt vor den Augen, rufe ich, wenn ich im Dunkel in meinem Bett von einer Seite zur anderen wechsle, so hat es geblitzt vor den Augen und je nachdem. Auf diesem Foto von mir merkst du vielleicht eine Ähnlichkeit mit der Wölfin ich meine du erkennst vielleicht eine Ähnlichkeit zwischen ihrem und meinem Lächeln (Blitzen des Auges), Lynx –

ich möchte des Handelns enthoben sein, oder : ich möchte jeder Handlung enthoben sein, oder : ich möchte jedem Handlungsansatz zuvorkommen, oder : ich möchte jedes Handeln oder jede Handlung vermeiden, da gibt es ja Parallelen, sage ich, ich bin kaum imstande zu handeln und ich bin kaum imstande eine Handlung zuzulassen, ich handle nicht gern und ich lese nicht gerne was eine Handlung hat, also schreibe ich auch nicht was eine Handlung hat oder andeuten könnte ich meine davon platzt mir der Kopf, der herrschende Teil der Seele ..

.. um die Wahrheit zu sagen ich habe Angst vor dem Sterben und ich wehre mich gegen das Sterben, ich habe mir immer eine Art Ewigkeit vorgestellt, Hals

mit Spitzenkragen ausgelegt, Spitzenkragen über
Mantelkragen gestülpt, die ausgedünnten Haare dar-
übergelegt .. ach betäubender Lebensabschnitt wo
alles zusammenschießt, in einem einzigen wehmütigen Augenblick zusammenschießt, vielleicht kehrt
dann die Erinnerung blitzartig wieder, sage ich, vielleicht kehrt sie dann zurück die mich schon lange
verlassen hat, ich bin ein Mensch ohne Erinnerungen
geworden, aber dann wird vermutlich in einem einzigen Augenblick alles vor mir stehen, kaum zu fassen in
seiner bestürzenden Fülle und ineinander verschoben
womöglich, die Herabkunft des Feuers, rufe ich, qual-
voller Rest des Lebens, und Schnurgeflecht ..
nichts mehr aufknöpfen, sage ich, drüberziehen alles,
abgekürztes Verfahren, überall, hier, auch den Unrat
einfach in eine Ecke, tropfender Wasserhahn, schad-
hafte Fensterstöcke, kaputte Glieder, und will nicht
daß ihr schon wieder von einer SAISON redet, von einer
WINTERSAISON, kaum Allerseelen vorüber, und Pläne
macht für das kommende Jahr / quasselnd .. wer weiß
vielleicht schon mein letztes! diese ganze eingebro-
chene Welt statt wie früher kugelig abgeplattet an
ihren Polen, dieser ganze eingetrocknete Kot, Herz-
kot, liegender Hase dieser seitlich liegende Hase, aus
Ton, auf meinen Aufzeichnungen / Zettelchen / daß
nichts davongeweht werde! daß ich nicht lache! wie
wichtig ich das alles noch nehme, immer noch, immer
noch nichts gelernt aus allem was ringsum vorgeht –
doch noch, gerade noch, gerade noch ein Erkennen
der Welt, auf Ölpapier, so scheint es, gerade noch. Rot
auf gelb, aus dem Ölpapier die beschlagene Sicht auf
die Welt, geschlagene Welt! und WAHN! Ihr seid alle

zu laut, ihr seid zu laut, haltet mit euren Gefühlen zurück! Abstrich und Aufstrich, kratzend auf alter Schiefertafel, oder als Bettelfrau, paranoide Streunerin in der Gasse, übereinandergeschlungen, übereinandergeknüpft das Wams, die Hüllen am Morgen zum Beispiel, mit faulendem Atem, zerzaustem Schädel, Windschädel was weiß ich, zeitweise kahl, so weit alles, so weit weg, mit jemand zu liegen zum Beispiel, ach so weit weg kaum mehr vorstellbar, wieder mit jemand zu liegen, selbst die Erinnerung schwappt in letzter Sekunde fort, sinkt in sich zusammen, verzieht sich, verreckter Orgasmus Gehirnvolière, der Beobachtungsposten hat aufgegeben, die auf- und abschwellenden Affekte von einst kümmern ihn nicht mehr, sind nicht länger von Interesse, Linksdrall, weibliches Urvermächtnis, daß ich nicht lache, oder die Zebrafinken, Hosengeschrumpel Linksdrall beim Mann, auf welcher Seite des Hosengeschrumpels bewahrt er ES auf, auf welcher Seite faltet er ES zusammen?

Alles was blitzartig auftaucht, gerade noch aufblitzt in der Vergangenheit, *und ist schon wieder vorüber* : auf orangefarbenem Sofa, unter der Vogelschnur, die aufgewühltesten Zeiten mit LERCH, LERCHS Kleider auf dem Boden verstreut, die kristallene Winterluft auf seiner blanken Haut, LERCHS Kleider Verkleidungen, pausenlose verzehrende Glut .. alles verdeckt alles zugedeckt längst, alles verschleiert, fließender Wasserhahn, ach mein schäbiger Körper in seiner schäbig gewordenen Hülle, jetzt, habe in einem der alten Pferdeställe Unterkunft gefunden, schlafe auf dem Boden mit Scherben, Papierabfall, Küchenunrat bespickt, verfluche die Beengtheit der Liegestatt, kaum bin ich aber länger als zehn Stunden weg, drängt es mich wieder hierherzukommen, ich scheue mich das Wort *heimzukehren* in diesem Zusammenhang zu gebrauchen, Blitzaufnahme. So streife ich ziellos, nach Belieben umher, längst alles vorüber, vorbei, Entferntheit, Wacholdergänge, Beweinung im weißen Mond, oder ungefähr, wie delikat auch immer das Thema sein mag.

Zur Steuer der Wahrheit, ich schneide mir selbst Grimassen, man zeigte mir wieder die Zähne, gewaltig, ich bin nicht sicher im Glauben, immer noch nicht obwohl es längst an der Zeit wäre, ein merkwürdiger Unterschlupf, der Welt kaum hereinläßt, rufe ich, unterirdisch, fast im Berg darüber der Wald, alles im Gegenlicht, bis auf die Pfosten mit dem Maschendraht alles unberührt, morgens die dicke weiße Katze zu Besuch und die Vögel, dann wieder das Staunen. Ein ungefähres Danebenstehen, der glänzende Sturm. – Fließender Wasserhahn, ich höre den Wasserhahn in unserem Schlafwagenabteil, ich bin sehr schwach jetzt, zwei Absätze hier, drei Buchseiten dort, und gefiel mir was ich gerade las, wollte ich es selber geschrieben haben, ich sehnte mich danach, es selber geschrieben zu haben ich meine ich beharrte darauf, alles selber geschrieben zu haben, also ich machte mir da etwas vor, ich mache mir gern etwas vor, und ich lasse alles mit mir geschehen, ich ließ am liebsten immer alles mit mir geschehen, sage ich, damals mit Lerch (oder Waldmeister), er preßte sein Ohr an meine linke Brust, er behorchte meine Brust und zählte die Herzschläge und ich ließ es geschehen, und er sagte als er sich behutsam von meinem Bett erhob, *du läßt mit dir geschehen*, wie richtig er mich erkannt hatte, damals, und ich verstand seine Worte als Liebkosung, erst im nachhinein ergrübelte ich mir einen anderen Sinn darin, ich grübelte lange darüber, bis ich etwas wie eine zärtliche Rüge fand, später kam mir auch der schmeichelhafte Verdacht, er wollte meinem Leben eine neue Wendung geben. Die vielen Bücher, rufe ich, wir lasen meistens die gleichen Bücher, jeder besaß sein eigenes Exemplar, das jüngste Buch von Jacques Derrida zum Beispiel, über das wir dann auch telefonierten, rufe ich, wir hatten meist lange Telefongespräche über die Bücher die wir gerade lasen, wir lasen die gleichen Bücher zur gleichen Zeit und wir tauschten Gedanken darüber aus, rufe ich, LERCH und ich, und wir führten lange Gespräche darüber ich meine wir tauschten *Lesegedanken* aus, wir tauschten unsere *Lesegedanken* zumeist in langen Gesprächen am Telefon aus, ein bloßer Vorwand vermutlich, des anderen Stimme zu hören, sage ich, ich hier und er dort, und es fiel mir bald auf, daß er innere Zusammenhänge besser begreifen konnte als ich, ja daß er imstande war, sie mit jenen feingliedrigen Anschauungsmotiven des eigenen Lebens auszustatten, so daß sie – aufgrund seines Wissensfundus stets mit frischer Nahrung versorgt – das Bild der Welt täglich neu für ihn reflektieren, die Idee der Wahrheit ihm immer absoluter vor Augen führen konnten.

Liebe. Verwilderte Leidenschaft, es umfächelten uns Waldeskühle und Dunkel, mit den Sesselheiligen / Widerrist, im gemeinsamen Brustgeschirr, Sonne im Kopf, Momentstövchen Seligkeit, lange Pause, Haarbüschel zwischen den Fingern, ich weiß nicht mehr welcher Tag heute ist, mit den Augen hängengeblieben. Morgengefunkel draußen, alles voll Anspielung Spielung und Schielung oder wie soll ich sagen, alles verspätet zu spät, plötzlich das Verlangen alles revidieren zu wollen, in diesen meinen vorgerückten Jahren alles revidieren wollen, jetzt erst die *Reinschrift des Lebens* beginnen wollen, was weiß ich. Die Szene, Seele ist immer die gleiche, alles in violette Farbe getaucht, und mächtig verschminkt in einer Fastenwolke verborgen dieses Gespenst dieses triefende Sonnenauge, also ins Ohr gelesen, gerufen, gefällige Farben, aber ich bin zu gewissenhaft das hat man mir anerzogen, das habe ich gut gelernt weil meine Jugend nicht leicht war, etcetera, *eigentlich bin ich zum Pflichtmensch erzogen*, das hat mir bei meiner *Schreibarbeit* aber nie geschadet ganz im Gegenteil, das sind jedoch alles nur Vermutungen, meine Aufzeichnungen imaginieren nur alles, oder ich habe es nur erfunden, ein Zungensingen, zerlumpt, verlotterter Lebenswandel, Besessenheits-, Angst-, Verlegenheitsfressen wie bei Tieren, das fiebert in meinem Kopf von Morgen bis Abend, FUNDUS SO SCHIESST MIR DIE WELT ZUSAMMEN, oder wie soll ich es nennen. Jetzt noch einmal beginnen können, mein Gott in meinem dreiunddreißigsten Jahr zum Beispiel, damals als wir einander zum ersten Mal sahen! Die Wahrheit ist wir sind in späteren Jahren oft in ein Patt geraten, wußten nicht ein noch aus, weideten uns an den bloßgelegten Schwächen des anderen. Und wären uns unsere Kinder erhalten geblieben,

brauchte jetzt, in unserem Alter nicht einer den ande-
ren an Kindes Statt lieben –
nur stückweise bin ich imstande zu leben, nur stückweise bin ich imstande zu lesen, auch weiß ich nicht
mehr wohin es mich treiben will, was ich von allem
halten soll, ich fühle mich unorientiert, auch unbeteiligt an allem Geschehen, nichts kann ich mehr in meinem Kopf ordnen, nichts kann ich behalten, alles zer-
flattert, verfliegt, ich empfinde Verwirrung nämlich
Zerrissenheiten und Angst, ein äußerstes Unbehagen,
eine Geschundenheit, kannst du mir folgen?
manchmal fürchte ich, es könnte mir bald nicht mehr
gelingen, auf Welt und Menschen zu reagieren, ich
ertappe mich manchmal, überlegen zu wollen, welche
Reaktionen in dieser oder jener Situation angebracht
wären, ohne eine Antwort zu bekommen, oft warte
ich tatsächlich, daß mir jemand zu Hilfe kommt, mir
etwas souffliert, *daß mir jemand meine Reaktionen*
vorschreibt und einsagt, und daß ich dann zufrieden
mit dem Kopf nicken kann und ja! sagen kann, eine
Krankheit so scheint es : ich schaffe mir pausenlos
Bücher an, für die ich keinen Platz mehr in meiner
Behausung finde, manchmal lebe ich so, als gäbe es nur
noch das Lesen und Exzerpieren für mich .. damals,
an unserem Sommerort fürchtete ich, der Vorrat an
Büchern könnte mir ausgehen, existenzbedrohende
Vorstellungen, rufe ich, nicht genügend Bücher zur
Verfügung zu haben .. damals an unserem Sommerort, Espang Allerheiligen, sah ich jenem Tag, an dem
der Vorrat aufgezehrt sein würde, angstvoll entgegen,
mir wurde bang bei dem Gedanken was ich dann
überhaupt noch lesen sollte, hatte ich *alle diese meine*

Lieblingsbücher einmal ausgelesen und zu Ende gele-
sen und zu Ende exzerpiert, dieses mein Lautgeben :
dieses mein Lesen und Exzerpieren, rufe ich, dieses
mein einziges Lautgeben, rufe ich, dieser einzige letzte
Trost, ich kann darüber fast alles vergessen, alles
Zudringliche und Infame, alles Bestialische, alles
Widerwärtige der Menschenwelt ..

In meiner *Geisteswelt*, in dieser meiner *Geisteswelt*
scheint es aber lauter Stand- und Gegenstandpunkte
zu geben, ich meine ich nehme einen gewissen Standpunkt ein und gleich darauf fühle ich mich veranlaßt,
einen gegensätzlichen Standpunkt einzunehmen, so
schwanke ich pausenlos zwischen Oben und Unten,
Ferne und Nähe, Fülle und Rand.

Also ich mache mir gern etwas vor, ich mache mir
etwas vor, es gibt keine Zeugen aber es ist wahr, es
hängt alles mit meinem Vater zusammen, auch hängt
alles mit meiner Tagesdisposition zusammen, oder wie
wenn ich sage die Ekstase läßt mit zunehmendem
Tageslicht nach, oder die aus jeweils unzähligen und
unwägbaren Gefühls- und Stimmungsfaktoren zusammengesetzte Tagesdisposition bestimmt die Form
eines zu schreibenden Textes, oder etwas muß
zwangsläufig zum Gedicht werden, oder zum Prosa-
text, wenn es die innere Anlage dazu hat, *also Schön-*
heit durch Wahrheit, fließender Wasserhahn, wie der
Mond oder ungefähr, ich suchte alles war mir gefiel
und ich fand die Bücher die mich am Leben erhielten,
nämlich das Abgründige das mich ermutigt, manchmal hängte ich eines meiner Lieblingsbücher in welchem ich eine beliebige Seite aufgeschlagen hatte, so
über dem Schreibplatz auf daß ich davon etwas ablesen

konnte, während des Schreibens, ich meine daß es mich segnen sollte, während des Schreibens, oder wie soll ich sagen .. auf emotionale Anregungen hin versuche ich diese Papageiensprache durchzuhalten, meine Augen sind schwach geworden, wie lange wird das noch gehen, wie lange werde ich meine *Schreibarbeit* noch vorantreiben können, ich glaube ich mache mir da immer viel vor, manchmal glaube ich, ich mache mir alles nur vor, dieses Schreiben und Morgengefunkel, die Arbeitslampe mit Schwesternhäubchen : bekritzeltes Papier, gestrichene Passagen zum Beispiel, wie das Blut *wallt* heute die Adern, so bin ich zum Beispiel heute ganz übermäßig und allwissend, das macht mich heute alles euphorisch, *so scheint der musikalische Teil des Blutes entworfen*, sage ich, kannst du mir folgen .. mein ovaler Wahn, oval gezeichneter Kopf ruht schräg auf meinen hochgezogenen Schultern, eine mit Schmuck und Brüdern gezierte Handschrift, manche gestehen mir nur einen Scheinleib zu, rufe ich, wir haben uns immer gekannt, seit ewigen Zeiten, immer schon haben wir einander gekannt, rufe ich, ach wir kennen uns ewige Zeiten, wie schön wie sehr wir einander kennen, wie innig wir einander berühren mit unseren Augen, wir stehen gewissermaßen auf zwei gegenüberliegenden Balkonen und winken einander pausenlos zu, über die im leichten Lufthauch nickenden Geranien hinweg, ich war dann ganz übermäßig in meiner Verschleuderung und Verschwendung an die Menschen, in meinem Überlaufen auf die Seite der Welt, und ich fühlte mich plötzlich so wohl dabei, in meiner Unterwerfung unter die Menschen, die Unterwerfung wäre mir auch gelegen, rufe ich, überhaupt alles, ich meine ich hätte mich letzten Endes in alles, auch die unvorstellbarsten Lebenszusammenhänge geschickt. Im Reisekleid und ehe sie abreisen mußte, in ihrer ersten Hingebung hat sie ihm die Füße geküßt, rufe ich, und er hat diese Unterwerfungsgeste auch angenommen, rufe ich, meine Mutter ist immer gleicherweise ein Unterwerfungsmensch *und* ein ganz eigenwilliger Mensch gewesen, ich meine ein Wesen mit ganz eigenständigen Trieben und Vorstellungen und Gedanken, *Dienernatur und Luftgeist in einem*, genau wie ich. Das wuchert so weiter, rufe ich, wie Keulenarme im Spiegel, das ufert aus, überschlägt sich, kommt kaum mehr zum Stillstand, da war zum erstenmal viel mit dem Flugzeug, rufe ich, erinnerst du dich, sowie Touren zu Fuß und Besuch der Theater, rufe ich, besagtes Delirium, See- oder Seelenlandschaft, so hatte ich mich an diesen meinen LERCH (oder WALDMEISTER) angeschlossen, erst zögernd dann immer entschlossener, noch Jahre danach als es überhaupt keinen Anlaß mehr gab, schaute ich immer noch aus nach ihm, ich vollzog gleichsam viele Jahre, Jahrzehnte nachher immer noch alles was geschehen war, ließ alles Hunderte ja Tausende Male vor meinem inneren Auge abrollen, prüfte während dieser stets von neuem heraufbeschworenen Situationen meine Gefühle und stellte fest, daß sie sich im Laufe der Zeit abgenutzt hatten, sie waren blasser geworden, in eine Ferne gerückt, und allmählich sah ich uns in meinen Erinnerungsbildern tatsächlich nur noch als fahle längliche Schatten vorüberziehen .. kannst du mir folgen .. er hatte es freilich wie kaum ein anderer verstanden, um sich einen empfindsamen ja heilsam-vornehmen Einfluß auszuüben, dem alle selbst die entfernter stehenden Freunde nach und nach unterlagen, so daß sein gesamter Freundeskreis ihn widerzuspiegeln schien, traf ich zufällig einen von ihnen, schien mich sogleich etwas an LERCH zu erinnern, sei es daß sie von ähnlich sprühender Geisteskraft waren, sei es daß sie sich eine liebevolle Behutsamkeit im Umgang mit Menschen und Dingen zugelegt hatten, sei es daß sie jederzeit hilfreich zur Verfügung stehen wollten. Manche von ihnen allerdings, besonders die Frauen, brachten es nur zu einer Art äußerlichen Ähnlichkeit, sie nahmen bloß die eine oder andere charakteristische Haltung an, neigten den Kopf zur Seite während sie lauschten oder zeigten ein Aufleuchten der Augen vor, wenn man ihnen von Dingen redete die sie erfreuten, und so sehr mich dies alles an LERCH in Entzücken hatte versetzen können, so sehr mißfiel es mir in dessen Nachahmung und Nacheiferung, ja zuzeiten kam mir die ganze Freundesschar nur noch als seine Geschöpfe vor, allesamt bedauernswert in ihren Bestrebungen, und indem sie wie schlechte Imitationen des Originals auftraten, schienen sie mir das Urbild in meiner Vorstellung schmälern und mißbrauchen zu wollen.

Stimme des Regens, oder Geweih, rufe ich, ich möge mich wegscheren, ich bin nur noch ein Mensch in einem Zimmer, jetzt bewohne ich nur noch Reste eines Zimmers, und immerzu dieser Krampf! Ich habe lange nach der Wahrheit gesucht aber die Wahrheit versteckt sich, eines Tages muß ich zu einem Ende kommen, oder doch wenigstens den Verlauf der Sache erkennen –

schnell schnell bevor ich weine .. ich sitze in meiner Klausur, Wellblechhütte, draußen vor dem Fenster ist Sturm, meine Stehlampe mit der Schwesternhaube, ich habe die Vorhänge, früher von zarter Elfenbeinfarbe, jetzt schwärzliches Grau, ein wenig zurückgezogen, der Mond im Abnehmen, er kommt immer so spät um diese Jahreszeit, reist man bei Nacht sieht man ihn über einsamen Tälern stehen, oder zwischen den Berggipfeln, wenn alle Menschen schlafen, auf monoglotte Art, eine Mode zu fliegen, etcetera, heute die ersten Altersflecken auf meinen Handrücken entdeckt, viele Möbel brauche ich aber nicht mehr, die heilige Jungfrau vom Pfeiler, ein Tisch, zwei Stühle, ein Bratofen, sechzig Kerzen, im Delikatessenwinkel! also Klitterung .. *galoppieren wir auf den Winter zu!*

Rapides Schreiben, rufe ich, in einem anschließenden Passus, ausführliches Gefühl von Naschhaftigkeit, rufe ich, zum pausenlosen Naschen, Verkosten, Nachschmecken aufgelegt, oder mit sichernden Schritten ins Nebenzimmer zur offenen mit weißem Spitzenpapier ausgeschlagenen Konfektschachtel getrippelt, *ein Geistesgeschenk!* : aber es verlangt auch von Zeit zu Zeit nach strengerer Ätzung, Kratzung, Zerkratzung, Klausur .. versteckte Wahrheiten, das rosa Licht wenn ich nachts erwache, aus dem Fenster blicke, dampfender Halo, verschlossener Mond (Nimbus) im Zimmer, *dann liegt er nur noch auf einer Seite wie eine Uhr* .. weiße Füße trage ich zur Zeit (Möwen), alles Tierkompositionen ich weiß nicht, sind wir Kamele oder Lämmer, fliegen wir zu den Schlafbäumen? und alles eine Zerstreuung, eine störende Ablenkung, ich bin nicht sicher im Glauben, ich kann mich kaum mehr besinnen, wenngleich ich das Gesichtsfeld ausgerollt habe, neurotisches Stirnauge (Oberbra), mit allen Augen und Ohren sehen und hören, ich sehe auch besser was ich höre, und umgekehrt, kannst du mir folgen ..

aber manchmal ist mir das asketische Leben zu viel, ich bin es müde, ich bin diese Askese der vergangenen Wochen und Monate müde, eigentlich habe ich sie seit meiner Jugend angestrebt, und auch gelebt, also mit Unterbrechungen, durch Jahre Jahrzehnte, die Lippen beschneiden, den Mund .. im weißen Wasser ein blasser Blitz .. wenn ein Blatt vom Baum fällt zittert die Welt, ich habe Angst, ich habe auch Angst, ich habe immer schon Angst gehabt, ich falte mich allzu leicht vor den Menschen zusammen, ich komme mir unterlegen vor, eine Angst löst die andere ab, sage ich, mein Selbstgefühl ist beinahe erloschen, eine fortschreitende Zersetzung wird offenbar, tatsächlich bin ich kaum mehr imstande, Freunden, ja vertrautesten Menschen ohne Scheu und Befangenheit, ohne Gefühle der Unterlegenheit, Unsicherheit und Furcht zu begegnen, alles ist schwierig geworden, alles ist undurchschaubar geworden, alles hat an Wirkung eingebüßt, ich bin kaum mehr Herr meiner selbst, ein dauerndes Danebenstehen, ein dauerndes teilnahmsloses neben sich selbst Stehen, sich selbst Zusehen, sich selbst Verdammen haben mir das Leben zur Qual gemacht, eine den ganzen Himmel überziehende plötzliche Dunkelheit, ich bin auch nicht sicher im Glauben.

Wie leicht wie unversehens, verkehrt sich Liebe in ihr Gegenteil wie man zu sagen pflegt, ich zog mich wochen-, ja monatelang zurück und war selbst für meine engsten Freunde unerreichbar geworden, meldete mich nicht mehr am Telefon, hörte nicht auf das Schellen der Türglocke, unterließ es, den Hausbriefkasten zu leeren, alles zu seiner Zeit, rufe ich, alles wurde buchstäblich genommen, *ich meine alles wurde literarisiert*, aber es stellte sich nicht immer als Rettungssystem heraus .. zählte ich zunächst die Zeit meines Leidens nach Stunden und Tagen, waren es bald Wochen, ja Monate die verstreichen mußten ehe ich wieder auftauchen wollte und konnte, hatte ich zunächst nur mit wenigen Tagen gerechnet, waren es inzwischen mehrere Wochen, ja Monate geworden, daß ich das Haus nicht verlassen konnte, schließlich auch nicht mehr wollte, ich hatte es gleichsam verlernt, den Kontakt zur Außenwelt wiederherzustellen, ja *mich der Außenwelt zu stellen*, ich fürchtete mich geradezu davor, die Wohnung zu verlassen, auf die Straße zu treten, die Fahrbahn zu queren, einen Laden zu betreten, meine Wünsche zu äußern. Ich war wie gelähmt, ich konnte nicht mehr richtig artikulieren, als wäre ich der Sprache verlustig geworden, die Laute überschlugen sich in erschreckender Weise, man hatte Mühe mich zu verstehen, starrte mich an weil man nicht verstehen konnte, oder wollte, behandelte mich wie einen Geisteskranken, oder ließ mich einfach stehen, so als ob man mir Zeit gönnen wollte mich zu besinnen, meine Gedanken zu ordnen : ich fühlte Scham und Empörung, war den Tränen nahe, rannte davon .. hatte es zuerst so geschienen, als ob es nur eine vorübergehende Krankheit sei, waren inzwischen Wochen, ja Monate verstrichen und das Leiden war immer noch nicht vollkommen abgeklungen; waren es zunächst nur Tage gewesen, daß er, LERCH, sich nicht meldete, waren es nun Wochen, ja Monate geworden, so daß ich annehmen mußte, sein Rückzug sei endgültig geworden, ich fragte den Arzt ob meine Krankheit bloß *eingebildeter Natur* sei, denken Sie, frage ich meinen Arzt, daß ich nur an einer *eingebildeten Krankheit* leide, hat es womöglich mit dem abnehmenden Mond zu tun, der abnehmende Mond zehrt und tut weh nämlich weil wir uns vom Licht verlassen glauben, an meinen Briefen schreibe ich jetzt tage-, ja wochenlang weil mich so viele dünne Stimmen rufen, wegrufen nämlich die Schleier / Schreiber vor meinem Fenster, auch Regenschreiber, Skribenten .. durch Übung und Nachdenken, Landnahme unserer Phantasie besonders am Morgen, wenn ein Zustand des halben Träumens uns noch umfangen hält, aber für dich gibt es ohnehin nur die EINBAHN, ruft JULIAN und setzt sich in seinem Bett auf, nur die EINBAHN sonst nichts, und jede Ablenkung schadet nur, nur die EINBAHN deiner Gedanken ist nützlich für dich, Ohren im Fensterladen .. ich versäume auch Züge, rufe ich, ich habe gar keine Zeit mehr, ich versäume meine Züge und die Zeit zerrinnt mir zwischen den Fingern, rufe ich, ich habe gar keine Zeit mehr, ich habe überhaupt keine Zeit mehr, ich meine ich habe noch nie so wenig Zeit gehabt wie in diesen Jahren, ich verfüge über immer weniger Zeit, früher hatte ich auch immer viel zu wenig Zeit, aber es war nicht so beklemmend wie jetzt, ich habe mich auch sehr verspätet *in dieser meiner Zeit, und Schreibarbeit*, die Arbeiten vor dem Modell stets mangelhaft, auch vermied ich es, die

Hilfslinien im nachhinein zu entfernen, wenn man nicht ansässig ist, geht gar nichts mehr. Daß Worte, Wortgebilde, überhaupt *aufziehen* können, braucht es ja eine VERLASSENHEIT eben den astralen Zwickel, mit meiner ganzen Physis habe ich das getan, im Schlafanzug hinter dem Fenster, jahrelang kamen sie, heuer blieben sie aus, das bunt schillernde Vogelpaar, gukkend und nickend, eine merkwürdige Neugierde wandelte sie an sobald sie mich sahen. Ich redete oft zu ihnen, manchmal versuchten sie hereinzufliegen, sie landeten auf dem Fenstersims und wollten geradewegs zu mir, ich vertrieb sie sogleich mit sanfter wenngleich eindringlicher Rede, und sie schienen zuzuhören, aber nicht verstehen zu wollen, denn kaum verließ ich das Zimmer für kurze Zeit, saßen sie schon auf dem Fensterbrett, zum Flug ins Innere ansetzend .. diese mißverstandenen Farberscheinungen, rufe ich, diese galoppierenden Krankheiten, Steigerungen ins Rote, dieses kleine schwarzhaarige Mädchen, Propellerschleife im Haar, daran schwankte eine tiefrote Rose, der Mantelsaum bauscht und schleift auf dem Boden, beim Erschrecken wenn man erschrickt diese panikhaften Abstürze in die Tiefe, ich stürzte einen Augenblick lang tief ab, nämlich man scheint dann seine Umwelt wie im Vergrößerungsspiegel wahrzunehmen, ihre geradezu aufdringliche Unerheblichkeit als bitteren Hohn zu empfinden, der Mantelsaum bauscht und fegt über den Boden, ich greife die Schultertasche / rote Lacktasche nicht mehr, in den unterirdischen Gängen der Metro, wir hatten uns plötzlich aus den Augen verloren : ich betrachtete gänzlich verstört die ungerührten unbewegten abweisenden Gesichter die

mich umstellten, einer meiner sich stets wiederholen-
den Angstträume, sage ich, von einem gewissen
Augenblick an schienen sie aber mein Erschrockensein
widerzuspiegeln, ich verfiel sekundenweise in ein seltsam heißes verlegenes Brüten, mir selber fremd geworden, in eine unbeteiligte Ferne gerückt, sah ich
plötzlich den Siegesengel der Bastille wieder vor mir,
glanzumflossen, in den lichtblauen Nachthimmel aufwärts schnellen, sah wieder die Hand des Institutslei-
ters, wie sie, als ich interessiert hinschaute, eine auf
seinem Schreibtisch liegende großformatige Aufnahme eines prominenten Schriftstellers mit einem
französischen Magazin zudeckte, spürte wieder das
seltsame Verlangen, mir kleine runde Gegenstände
einzuverleiben, die kleinen französischen Münzen
zum Beispiel, rufe ich, hatten es mir angetan, ich hatte
das Verlangen, alles in den Mund zu nehmen und
hinunterzuschlucken, die Kapsel des Filzschreibers,
den kugelförmigen kleinen Reisewecker, der wie ein
Schokoladebonbon aussah, den zu Bällchen zerknüll-
ten Papierabfall, ich sehe jetzt hinter den Nachmit-
tagswolken den purpurnen Schädel der Sonne, auf und
untertauchen je nachdem. Jetzt ist der purpurne Schädel hinter den Wolken verschwunden, oder ein dem
Ohre auffallender Vogellaut, rund ist aber nicht nur
der Buchstabe U sondern auch der Mund der ihn
spricht, *da ist im Mann der Flammenengel offen* ..
kann eine Perle sein in meinem Leben, aber vielleicht
ist das Foto nur so abgeschabt und abgewetzt also
abgekratzt : als säße ich mit vier anderen Personen in
einem flammenden *Omnibus*, der zweite von rechts
mit der Fliege / Bärtchen, der triumphierend lächelt

weil er in Flammen steht, erinnert ein wenig an Jugendbildnisse meines Vaters, sage ich, *dieser Rekurs nämlich Redekurs*, als hätte man ihm mit einer kleinen Schere die Nasenflügel, die Augendeckel, die Ohren- klappen zurechtgestutzt also abgeschabt und zerris- sen, ich habe es selbst gesehen manchmal am Morgen trage ich schon mein Altersgesicht, das will ich dann auch gleich geschnitten, zerschnitten, zurechtgestutzt bekommen, das ist ein starker Standpunkt. Nämlich wie Kleist beim Anblick eines Bildes von Caspar David Friedrich (»Mönch am Meer«) gesagt haben soll : WIE WENN EINEM DIE AUGEN WEGGESCHNITTEN WÄREN ..

Ich richte mich auf, im Halbdunkel, an meinem linken Auge pfeilt etwas vorüber, von rechts und links kreu- zen Novemberkrähen das Bild, manchmal des nachts wenn ich aufsitze, wenn ich lange aufsitze bis in die Morgenstunden und das Licht brennen lasse daß die Vögel draußen im kahlen Garten sich täuschen lassen und denken es sei schon Tag und zu schreien begin- nen, an meinem Fenster, sage ich, so in meinem Samt- barett, Fliegermütze, Kinderschürze was weiß ich, da kommt alles so leicht wie Kinderschuh' da fügt sich alles so leicht zusammen. Damals und hingezogen, das Erlenholz geblasen, die Schwegelpfeife, und auf die Knie gefallen, zuallererst am Morgen auf die Knie gefallen und ein Gebet gestammelt! im dreifachen Wirbel und Widerhall, *herauszuschleudern und alles!*, hervorgetrieben aus mir wie Perlen von Schweiß, ach dieser Zuckerberuf : bin auf Zucker gegangen, auch angezündet! die schwarzlila Heide um unser Gras- dachhaus ist rauhreifverschleiert, jetzt ist die Traufe zerbrochen, schwarzgraue Felder, wie ausgerauchte Kohle / Liebe – dann plötzlicher Regen. Bin auf Zukker gegangen weiß wie im Morgenlicht, JEDE DER CHRISTLICHEN WELT WEISS WIE EIN CHRISTUS, etcetera, so kommt mir allerlei geträumtes Zeug in den Sinn, sage ich, oder ich war in mancherlei Wahn befangen, mein Arm kam in eine eigentümlich verdrehte Lage während des Schlafens, war gefühllos geworden, als ich erwachte, gestern nacht wurde ich von einem unwiderstehlichen Schreibzwang erfaßt, wie noch nie, wenn kein Papier zur Stelle gewesen wäre, hätte ich auf die Bettdecke schreiben müssen, letzte Woche, abends fünf Uhr hatte ich in wachem Zustand eine Erscheinung während ich schrieb, das wollte womöglich besagen ich müsse in die Schwierigkeiten hineindringen .. habe Fußgebete gestammelt, mit einer Mandel die Zähne gewaschen, nun zweimal die Woche körbeweise die Lieferung! die vielen Bücher, nie mehr so lange ich lebe werde ich sie auslesen können, doch wünsche ich es sehnlich! (das Rohrgeflecht des Korbdachs gelüftet bis etwas aus seiner Tiefe : aufsteigendes Flügelpaar? und mit weit gespannten Schwingen gegen die Decke zu schweben schien um dort ins Freie zu weichen ..), ach was Spiralnoten, Haarbüschel zwischen den Fingern, unsere Lebenszeit bald verzehrt. Diesertage ein Jugendbildnis von mir wiedergefunden, rufe ich, da habe ich begriffen, *daß es mich einmal anders gegeben haben muß*, kannst du mir folgen? Das kommt nicht von ungefähr, ruft JULIAN, während ich ihm, zum wievielten Male, die Fotografien in den Familienalben vorzeige, eine Schönheit deine Großmutter, deine Mutter, eine jede muß eine Schönheit gewesen sein, dein Vater! die roten Gestalten Flammengestalten am äußersten Rand, schöne Masken mit Flammenmund, ruft JULIAN, die schönen Masken aus deren Mündern die Flammenzungen hervorschießen, ein äußerster Rand des Bettes.

Um fünf Uhr früh, sage ich, der Wortuntergang, also Monduntergang, Feuerballon, Schädelstätte der Sonne, während sie ihren purpurnen Schädel triefend aus den weißgrauen Wolkenmassen emporzog, langsam auftauchen ließ, sah ich im Doppelspiegel des Augenglases das ich für einen Moment abgenommen hatte und in meinen Händen hielt, den kleinen glühenden Punkt dahinter das Fensterkreuz. Der Engel des Glases, der die Flüssigkeiten zu halten vermag, so daß man sie zum Munde führen kann, mühelos, und sich einverleiben kann, ohne aus Flasche, Kanne und Faß schlürfen zu müssen, der Engel berührt meine Lippen : was für eine Erfindung! den flüssigen Körpern eine vorübergehende Festigkeit zuzugestehen, ach wie glücklich wir sein können. Die losen Riegel des Geißblatts über den Zäunen, Violen und Iris, Tränenzypresse, das falbe Stroh in den Tonnen, zum Abbrennen bereit, und an den Häuserfronten der neue gelbgrüne Flor, Papageienflor, jetzt im späten Jahr, rufe ich, sieht es nach Wiederkunft eines Frühlings aus, an den Scheiben die warmen Tropfen, auf emotionale Anregungen hin versuche ich diese Papageiensprache durchzuhalten, während der junge gelbgrüne Flor, tropische Papageienflor überall wieder hervorbricht
. .
auf Storchenbeinen, schwarzes Kopftuch einer türkischen Witwe, eine zur Erscheinung hervortretende

Wahrheit, rufe ich JULIAN zu, erinnerst du dich, unmittelbar nach seinem Tode wollten meine Mutter und Polly einander dazu bringen, daran zu glauben, der Verstorbene hätte dieses und jenes an sich genommen, als ein Zeichen daß er sich weiter unter uns aufhalte, sie wollten auch mich davon überzeugen aber ich war mir nicht sicher. Dann aber tauchten die unauffindbar gewesenen Gegenstände plötzlich wieder auf, die ihm vielleicht nur ein Stück Weges nachgegangen waren ..

nach Abzug einer Landschaft, so daß bestimmte tägliche Verrichtungen von immer den gleichen Erinnerungsbildern begleitet werden, wenn ich zum Beispiel am Morgen einen ersten Blick in den Spiegel werfe, tauchen jüngste Erinnerungen an Spaziergänge in Paris auf, auch an den Anblick des kleinen Elektroladens, gegenüber dem Institutsgebäude in dem wir wohnten, dessen Schaufenster von der Nachmittagssonne grell ausgeleuchtet wurde, wenn ich, dem nahen Postamt zustrebend, um diese Tageszeit daran vorüberkam ..

am Morgen dann die veränderten Kopfverhältnisse nämlich im Resonanzkasten tönt es anders als früher, mit der Stimmgabel klopfe ich meinen Schädel ab, wo bleibt das Kopffleisch, die Knochen schmerzen, Zähne verliert man in Träumen. Auf alles weine ich, auf die schöne Sonne fallen die kühnen Berge, die Schattenschwäne in meiner Behausung, viele Stiegenhäuser in meinem Kopf, die von Tausenden Personen benützt werden, das offene Wetter, rufe ich, das mir die Schmerzen macht, das gittert so, rufe ich, in meinem Kopf, all die versteckten Wahrheiten, warten darauf daß ich sie erfinde, erlöse oder wie soll ich sagen, meine massenhaften Augen auf das Instrumentarium meines Arztes gerichtet, rufe ich, ich liege da, verliere beinah das Bewußtsein, möglicherweise übt er eine hypnotische Wirkung aus, mit Essig besprengt, frage ich ihn, haben Sie meinen Kopf mit Essig besprengt, alle Lebensnotizen liegen zum Greifen nah, auch der Silberlöffel im Westen, Moschusgeruch an der Handkante, ich bin elektrisch geworden, ziehe mir elektrische Schläge zu, vor meinen Augen schwindelerregende Auenblätter, deren Schatten vom Winde bewegt über die Wege zittern, die Funken sprühen sichtbar von meinen Fingerkuppen, von meinen Handballen ab, auch wird die Arbeit jetzt immer schwerer, es stellt sich eine immer größere Hast bei immer schärferem Schauen ein, mein Welterlebnis gleicht dem Fallen in einen Trichter, *wer von uns hat einem Vater ins Herz geschaut ..*

sein hauchdünnes Lächeln, die wachen zusammengekniffenen Augen dem Licht zugewandt, das Dunkel im Rücken .. warum vollziehen sich pausenlos die gleichen Erinnerungsabläufe, rufe ich, sobald ich an ihn denke, sobald ich an den Verstorbenen denken muß, warum sind mir tatsächlich nur wenige Äußerlichkeiten in Erinnerung geblieben? Wie er sich mit den Fingern der rechten Hand seitlich durchs Haar streift, und sich dabei im Vorzimmerspiegel betrachtet, sein Spiegelbild ins Profil rückt; wie er, heimkehrend, mit einem munteren Schwung den graugrünen Hut auf den oberen Teil der Kleiderablage wirft und sicher zum Landen bringt, wie er dann, die Schuhe abstreifend sich in seinen Schaukelstuhl fallen läßt, wie er dann ruhig in seinem Schaukelstuhl sitzt und vor sich hinblickt, Arme und Hände auf die Lehne gepreßt, mit ihr verschlungen, wie sein schmaler Mund nachdenklich lächelt. Ahnte er etwas von seiner Rolle, von seiner unveränderlichen Größe, von seinem ausgleichenden Element? ich habe ihn manchmal direkt im Munde geführt ich meine über das Schauen ist er mir in die Sprache geraten, ach, rufe ich, bald beginnen die Umrisse schwächer zu werden .. auf einem leichten Fluß oder Fuß, Rabe der Wasser schöpft, die Augen so lieb stehen im Kopf herum, sein Schädel von rückwärts beleuchtet, trägt einen schmalen Nimbus, es gibt eine verschlungene Erinnerung oder wie Mehrfachbelichtungen einer fotografischen Aufnahme, in der Zimmermitte der Dattelkern, rufe ich, Duftspur und Widerbellen, Szene des Fleisches .. es gibt keine Zeugen, sage ich, aber es ist wahr ich meine ich habe es vielleicht geträumt, wie alles übrige auch, mit LERCH und den anderen, das sind jedoch alles nur Vermutungen, oder meine Aufzeichnungen imaginieren nur alles, ein Orgelton wenn ich Atem hole, den Knochen haben wir oft gewechselt, Stationen wie Flügelhorn in dieser nicht enden wollenden Nacht .. düster angeregt auch von LERCHS Briefen in welchen er scharf analytisch beobachtete, dann wieder liebevoll verwischend, ich saß über seinen Tisch gebeugt oder Sofa, die ganze Nacht, aber wie weit mich das Verlangen getrieben hat weiß ich nicht, himmel- und meerrauschendes Sofa .. die Ohrringe die ich am liebsten getragen habe, konnte ich dann nicht mehr abnehmen .. *und knöpfchenweise, die funkelnden Städte ..*

das verlegene furchtsame alternde Kind geworden zu sein, rufe ich, dem die Gegenstände aus der Hand fallen, das linkisch über jedes Hindernis stolpert, sich schmollend umwendet, und jeder Schwierigkeit aus dem Weg zu gehen trachtet, kann verständlicherweise auf die Welt weder interessant noch anziehend wirken sondern abstoßend und lächerlich, so ist mir nicht mehr zu helfen gewesen an welchem Ort auch immer ich mich aufhielt, in welcher Situation auch immer ich mich befand, auch finde ich das richtige Verhalten nicht mehr, richte mich nur noch in meinem Schlupfwinkel ein, wo meine Schreibfinger über die Tasten fliegen, in beglückender Raserei ..

die Wahrheit ist, ruft JULIAN, unsere Welt- und Lebensenttäuschungen werden durch unser Schreibenkönnen gnädigerweise aufgefangen, ohne dieses unser Schreibenkönnen wären wir längst wahnsinnig geworden, unter allen Gesichtswinkeln es hängt davon ab, *ob man zurechtgerüttelt ist, nach dem Schlafen, und allemal in Aufregung, oder Fieberfrost* ..

ich schreibe das, noch im Bette liegend, rufe ich, am Morgen IN GRÜN VOR, mit hellgrünem Filzstift, dessen Verschlußkappe einer tief ins Gesicht gezogenen schneeweißen Wollmütze gleicht, »*muß Goya mehr echauffieren* ..« stand auf einem Zettelchen, ich fand es unter dem Kopfkissen, auch Himmelsbild dann bin ich eben dort oft getaumelt, ich meine auf ebener Strecke. Folternd (Firenze), waschbares Parkett ..

also moosgrüne Wände, dem HUNDEKOMPLEX ausgesetzt wie jeden Morgen : etwas riecht oder schmeckt danach, oder wenn ich nachts Anfälle von Atemnot (Hecheln) zu unterdrücken suche .. die gucken mich ja immer, große wie kleine, auf der Straße an als wäre ich tatsächlich ihresgleichen, wollte mich gern einmal näher in ihre Welt einlassen, mit ihrem Denksystem auseinandersetzen, mit ihrem Gefühlsleben beschäftigen, da dürfte es merkwürdige Parallelen geben zur eigenen Struktur auch Standort, sage ich, die würden mich vermutlich sofort assimilieren, sage ich, dann wäre ich total vereinnahmt, jedenfalls für längere Zeit .. ich erkenne mich dann mit Fliegerkappe Duschmütze im Spiegel wieder, melancholisches Wappentier, Neumond .. mein Uhrglasauge ist aufgewacht .. auf der Straße ein Schatten, vor einem beleuchteten Schaufenster macht der Schatten dann halt, als ob er etwas betrachten als ob er etwas mustern wolle, ich erinnere mich an jenen Abend, *als ich an dem Schatten meiner Mutter vorüberfuhr*, ich wollte dem Fahrer zurufen, halten Sie an! halten Sie an! aber das Wort blieb mir in der Kehle, sie ging als Schatten vorüber, sie blieb an der Auslage stehen, blickte lange hinein, aber es kam mir vor, sie wischte daran nur vorüber, sie wischte als Schemen vorüber und ich war mir nicht sicher, ob sie es gewesen sein konnte, obwohl Wintermantel Pelzkragen Schirm das hätte alles gestimmt ..

Niemand. Nichts. Nur auf der Straße sah ich jemand in einem schönen Kleid, die Auslage leuchtete, überschwengliche Rohrpost. So grüne Wände, in der Erinnerung *so ein grüner Regen*, rufe ich, jegliche Wahrnehmungserfahrungen scheinen in mir AUFZUGS- und AUFTRITTS-Erfahrungen anzeigen zu wollen, ich erinnere mich zum Beispiel an eine Jahrzehnte zurückliegende erste Begegnung mit dem Germanisten und

Autor R. E. und seiner Freundin an unserem Sommerort, Espang Allerheiligen, es regnete stark, wir hatten
sie vom Bahnhof abgeholt, ich habe dieses Bild dieses
REGENBILD tief in mir – – ich weiß nicht mehr worüber
wir sprachen, nur daß etwas wie eine beglückte
beglückende Aura die beiden umgab, wir fuhren dann
zusammen den Berg hinauf, sie wohnten einige Tage
bei uns, einmal gingen wir Pilze suchen und er ent-
puppte sich als leidenschaftlicher, kundiger Sammler,
im vergangenen September, ehe wir ihm nach so vielen
Jahren wiederbegegnen sollten, hatten wir keine Vorstellung mehr, wie er ausgesehen haben mochte, wir
wußten nicht, wie wir ihn inmitten der Festgäste
erkennen sollten, ich erkannte ihn aber dann augenblicklich wieder, entgegen meiner Annahme er müsse
so aussehen wie mein Freund F. W. –
Ihr gemeinsamer AUFZUG und AUFTRITT jedoch
schien endgültig vorbei und vergangen, sie verschwan-
den nämlich plötzlich wie in einem Forst, in einer
grünen Kulisse auch Regenkulisse mit weißen und
rosa Heckenrosen betupft, ich höre nur noch aus der
Ferne Trompe Trompete Windhose, auch, mir ist eine
Rippe zerspalten . .
das zornige Fauchen und Rumpeln, und während der
Wind maultrommelt im Garten, also der WICKEL.
Und wie sich alles verschleudert in meinem Kopf, ich
meine das mit den Pilzen, wie eine Schleppe zieht es
pausenlos in mir nach, davon fließen die Augen über,
da fließen die Steine über in weiß und rosa, die Hügel,
die Täler, feucht-warme Witterung, Winterfrühling.
Der Rabe der Wasser geschöpft hat kommt nahe ans
Bett, ich wundere mich nicht daß das Wasser zum

Beispiel nicht auftrocknet in der Küche, im Baderaum, selbst die Gegenstände in der Schublade fühlen sich feucht an, hatte es hereingeregnet, heruntergetropft? nun auch an der Hausfront gegenüber das UHRGLASAUGE, an einem der oberen Fenster, in eine Tageskulisse verschoben liege ich in den feuchten Mulden meiner Augen. Dort sammeln sich die Tränen, ich fühle wie sich das Wasser staut; wenn ich gleich nach dem Erwachen bei vollkommen blankem Bewußtsein Musik höre, kann ich sie auch sehen, plötzlich, erschrocken, vor einigen Tagen Mozart gesehen! nämlich erstmals auf seine Musikgestalt aufmerksam geworden bei geschlossenen Augen, von Anfang an hingeworfenes Konzept, sage ich, an der Wurzel des Herzens das Lachorgan .. in den Höhlen in den Augenhöhlen das wäßrige Blau, aus aller Welt und aus allen Himmeln, eine grimmige Kopulation nämlich mit Worten, sehr ähnliche Verläufe ganz ähnliche Verläufe, also ergriffenes ergreifendes LIEBESWERK. Der untere Teil ist ein Arm, ein Flügel, in der Erinnerung ein grüner Regen .. manchmal stockend alles dann wieder sprunghaft .. mein Gedächtnis, meine Erinnerungen .. am Morgen wollte es mir dann nicht mehr einfallen, wem ich am Vortag geschrieben hatte DASS ICH MICH AUF SEINEN BESUCH IM FEBRUAR FREUEN WÜRDE, was überhaupt, ganz und gar, und erlogen ist, rufe ich, ich freue mich kaum mehr auf jemand der mich besuchen will, unter allen Gesichtswinkeln, und um die Wahrheit zu sagen, jeder Satz soll eine Botschaft sein, ich halluziniere das alles, Rohrpost, im Niederkleid (-tracht), *der tiefe Blick in die Zitrusfrucht*, Verlegenheitsrede und -geste, verletzt mir das linke Auge, schutzlos ich jage davon, Anbringung von Augen noch fest geschlossenen Pflanzenknospen oder »meine Augen sehen stets zu dem Herrn«, veralteter Okulist, Arbeit am linken Auge, etc.

Du hast gerufen du bist ins Zimmer getreten, der Wortuntergang der Sonnenuntergang am 18. Juli, wir tauschen Reizwörter aus (*im Menschenlicht*, oder *Wetterleuchten, ganz ozeanisch, »unsterblicher Mohn«*). Auf dieser Nachtseite machst du mir eine ABSCHNEIDUNG so daß ich Stimmen höre, darüber hinaus auch das NATURBILD deiner Gestalt sehen kann, grün umbordet. Wenn ich rot anblicke. Vor einem Monat, einen Tag vor meinem Geburtstag wachte ich mit einem Brief an dich auf, rufe ich, geriet aber wie so oft bei der Niederschrift ins Stokken, man verwischt ja gerne den Unterschied : Verflossenes zum Beispiel fließend. Übrigens bist du mir, wenn es kein Doppelgänger war, in Budapest unweit Keleti am 31. August über den Weg gelaufen, aber ich bin dir nicht nachgegangen weil ich den Eindruck hatte, du könntest dich verfolgt fühlen, warst du es tatsächlich oder habe ich dich in diese Person hineingesehen, die da vor mir herging und plötzlich nach rechts in eine Kleiderpassage einbog, es geschieht ja mancherlei ..

und keine Zwecke : dieses mein Leben ohne alle Zwecke, ohne jeglichen Zweck, oder wie soll ich sagen. Vom Meeresrauschen fast überdeckt, später wahnhaft, ich habe es selbst gesehen : mit geschlossenen Augen, den Kopf zum Buch in seiner Hand abwechselnd niedergebeugt und gehoben, ein junger Mann memorierend, auf dem Bahnsteig neben mir ..

das stenographierte Kürzel aus Haaren, im Waschbekken : DOCH NOCH. (Doch noch?) ..

Motorengeräusche eines parkenden Autos, das Ohr substituiert das Auge, hört sich wie vielstimmiges obsessionelles Vogelgezwitscher an, oder schmatzendes *Fortküssen* frisch aus der Küche, jene harmlosen weggepusteten Küsse für Kinder, mit spitzen Lippen und geräuschvoll plaziert, damit jeder es hören kann, in der Zimmermitte der Dattelkern, oder ein Ausstoßen, Herausschleudern (»herausschleudern und alles!«), Aushusten, unmutiges Kehlerasseln, etwas von dem man sich absetzen, ablösen, freimachen möchte : der verächtliche AUSWURF. –

Leben. Nichts. Es geht ein wenig schwerer. Langes Besinnen, plötzliches Zusammenfahren, es bedeutet nichts (Moschus / Patschuli). Nichts. Lange Pause. Immer nichts. Gott ist im Herzen (halbe Herzform), das Häkchen unten, der Halt an Gott, er fliegt über Mauern und Berge, der untere Teil ist ein Arm, ein Flügel ..

Und da sind auch schon wieder die Windmühlflügel die mich dir verrenkt zu Füßen legen, sage ich, diese ganze wahnhafte Verstrickung, sage ich, spanisch ist stolz also laß mich liegen. Es ist das Dämmern (der Dämon), das ABSCHNEIDEN. Daß ich am liebsten mit Augenschutz nach draußen gehen würde, Sturzhelm, Gesichtsmaske, Visier, und perseverierend, ich sage zu meiner Mama (als Kind), oder er, LERCH, sagt zu seiner Mama – – aber, wie spricht er sie eigentlich an? – – dann duckt er sich (als Kind, zu seinem Hund) und schaut zu, wie es aus dem herausdampft, sage ich, und dann hockt er sich hin zu dem Tier und schaut,

wie der dampfende Kot langsam zu Boden sinkt, aber
die Leine hat sich schon verfangen darin, nämlich die
Schleppe. Den Kopf zur Seite gelegt also geschwenkt,
um alles genau betrachten zu können ..
eben wie einen Winker (Signal) aus den motorisierten
Dreißigerjahren entlehnt, rufe ich, das war hübsch
anzusehen damals, rote Signalflagge, gestreckter roter
Handschuhfinger, Schutzmann in Rot, konnte nach
der Richtung, in die man abbiegen wollte, herausge-
klappt werden, die Anwendung denkbar einfach,
Applikation eines einfachen Knopfdrucksystems, die
Applikation einer Trivialphantasie scheint ja wie die
Erzählhaltung selbst anachronistisch geworden, so
daß die kollegiale Feststellung MAN HABE PHANTASIE
BEWIESEN abwertend klingen muß. »Mond des langen
Schnees«, am Telefon .. ich bin roter Habicht .. viel-
leicht noch die ZWISCHENFABEL legitim, ich weiß
nicht, rufe ich, vielleicht noch die Abläufe einer ZWI-
SCHENFABEL, wie unter Hypnose, beim Frühstücken
die GLETSCHERBUTTER zum Beispiel, jetzt neun Uhr
früh ist mein Zimmer mit Thymian übersät, und
Kamille, Minze, wenn ich in drei bis vier Tagen
zurückkehre, wird der Duft noch zu spüren sein, die
Büschel liegen auf meinem ovalen Tischchen (Orly-
Tischchen, wie Polly bewundernd feststellte), auf der
Nachtseite ich bin roter Habicht, bin kuckucksflek-
kig, riesig geplustertes Rebhuhn, auch Ungetüm, habe
wieder von riesigen Kuckucksvögeln geträumt, aku-
stisches Schlüsselbild? betörendes Augenmustern?
Und natürlich beziehe ich meine Tageslektüre mit ein,
die rote Signalflagge. Und dich und LERCH und Polly
was weiß ich, eben die ganze Welt : als unfreiwillige

SIGNALGEBER, sage ich, während ich selbst den SIGNALGEBER nicht abgeben kann, niemand als SIGNALGEBER dienlich sein kann, jedenfalls kann ich mir das nicht vorstellen. Diese Nachbarschaft, dieses fortwährende Knochenknacken nebenan, oder wenn sie das Kleingehackte auseinanderbrechen, ich weiß nicht. Also die reinste Ablenkung, Zerstreuung, Versuchung, diesem rumpeligen, knattrigen Getön neben mir pausenlos ausgesetzt sein!, rufe ich, jetzt ist der Winter schon angekommen! Himmlisches Kind fast bin ich umsonst auf der Welt, ich gehe am liebsten barfuß, meine Hände und Füße, Empfänger und Sender? Sender für niemand. Kannst du mir sagen, warum ich immerzu dieses UHRGLASAUGE anstarren muß, im Turmzimmer vis-à-vis, der Sturm hat mich aufgerüttelt, das gittert so, Sonne im Kopf, gestern sah ich, im Sturmwind die Straße hinunterfegen : weibliche Galionsfigur, mit nach hinten zipfeligem nein zopfigem Schwarzhaar, vorn keck das Glimmzeug zwischen den Lippen, warf es dann fort noch glühend, also gegen den Wind, gegen den Strom, das Unzeitliche zieht mich an, liegt mir oder wie soll ich sagen, ich meine es leuchtete mir auf eine besondere Weise ein, auch alles was du so sagst. Wie im Traum, sage ich, wenn man nicht von der Stelle zu kommen scheint, obwohl man sich in höchster Geschwindigkeit vorwärtsbewegt, in einer gänzlich *abgehalfterten* Sprache, gleich darauf wieder alles vollkommen sorgsam und präzise formuliert, Veränderungen im Tempo, wie Seelenvögel (Sirenen), rigidest im *Menschenlicht!* und wie dieses hinfällige, dieses grandiose Leben immer noch ein wenig *prolongiert* wird! Doch noch! (Doch noch?)

Und ich sage zu meiner Mama (als Kind), oder er sagt zu seiner Mama (als Kind), ich spreche von LERCH, dann stützt er sich über den Tisch hinweg zu ihr und streckt die Hand zu ihr aus und sie pflügt und frisiert gleich an seinem Unterarm, inneren Handgelenk, so zärtliches Kratzen, sage ich, eigentlich ist der Traum weg . .

wie stehen, wie dastehen, Abschnallen der Arme, der Beine, wie dastehen vor der Welt . . auf einem leichten Fluß, das Pirschen, das schöne Sehen, dies von Jahr zu Jahr sich *prolongierende*, prolongierte Leben. Und immer ein Leben der Vorsicht gelebt, und des Dukkens, und Memorierens, des Nachsagens und Nachgebens, was weiß ich, diese meine hündische Art. Diese meine heruntergekommene Geistesverfassung, alles nur Schein, nur zum Schein, Scheinanpassung, und Scheinergebenheit, das macht mir meine Umgebung überhaupt nicht geneigter, meine Leserschaft, Erblasser, Ärzte, Verleger zum Beispiel, oder wie soll ich es nennen.

Um die Wahrheit zu sagen, rufe ich, der Kopf ist nicht bei der Sache, ich verkoste den Wandel der Wahrnehmungen, erkenne ihren natürlichen Fortgang, sehe womöglich alles wie übereinander kopiert, DURCH DEN SCHNELLBOTEN AUF DER WEGSTRECKE SEIN, und dergleichen Bruchlandungen von Sekunden, unerklärliche Weltverklärungen auch, die durchgeflochtenen Berge in ihrer Länge und Weite . .

und während der Fahrt, die Konturen der Berge, sage ich, in mehreren Lagen und Abschattungen von grauviolett schienen einander nachzuahmen, es imitierte je eine Kuppe ihre darüberliegende und gleichsam immer

so fort, in fünf oder sechs aufragenden Schichten, ebenso vervielfältigten sich die Mulden bis in die flacheren Senken hinab, so daß man ganz unwillkürlich an einen verflochtenen Kanon von Tönen denken mußte, dessen Widerhallen sich den Bewegungen des eigenen Körpers anzupassen, auch in sanfter Ekstase den Regungen des Bewußtseins aufzuprägen schien, daß ich mich fragen wollte, *ist's paradiesisch?* – Diese vom Spätnachmittagslicht des September überfluteten Felder der Königskerzen, ein tausendfältiges Kerzenlicht über die Wiesen gesponnen, die Grabstätten, flackernden Moorlandschaften, phantasierten Tableux, später die Lichter im Rücken steigen wir aus, während der Wind maultrommelt im Garten, also der WICKEL .. (ich ließ dann das Bild halb herab nämlich das Lid, oder wie Moses über das Schilfmeer ..)
ach die blitzgeladenen nervengeladenen Dinge .. hatte die Besinnung beinahe verloren, von daher der GEMÜTSWALZER den mein Großvater auf seiner Knopfharmonika intonierte, und ich als KNIRPS rittlings auf seinem Knie .. der rote Sommer, das alte Landhaus von Bienen umschwärmt, titanisch Fledermäuse zum Beispiel, Feneks, ägyptischer Rotpunkt, auch lila die Sonne wenn ich die Augen schließe, unter allen Gesichtswinkeln : Federbusch? Falter? eine Farbe die mir nicht sonderlich liegt, springt allzuleicht auf grün über, und mächtig verschminkt das bläuliche Rosa der Adern (Anden?), karminrote Körper wohin ich blicke, auch grün umbordet, also in Farbe getauchte Schatten, schillernd-verschlungene Asphaltbilder bei Nacht, spiegelnd, bei Regen,

Klatschrosen, feuchte Girlanden, Iris, Mohnblume
Gaukler zärtlicher Kalligraphien ..
langer Apfel, Granatapfel, dann wie ein Käuzchen
schrie dieser kleine Hund, ich konnte kaum Schlaf
finden, im Treppenhaus heute morgen etwas wie
ZWILLINGSGERUCH wahrgenommen, wechselte zwischen Aceton und Banane, für Sekunden schienen
sich aber die Gerüche zu vermischen, gleich darauf
sich wieder vereinzeln zu wollen, der Bananenduft
ging mit der Farbvorstellung blau, der Acetongeruch
hingegen mit gelb .. die Renner schleunigst, nicht
aufzuhalten, in meinem Kopf, rufe ich, darauf zu
pusten, in meinem Kopf .. *das nächste Buch, sage ich,*
das wird dann ein ganz glattes Buch werden, aber
dieses, dieses hier soll noch ein wenig aus der Norm
geraten also struppig, ins Verwegen-Verwilderte hin,
und immer so streunend, hundeartig meine Leidens-
geschichte. Auf dem Rücken des Hundes lag Schnee,
dieser Ausbruch von Gelächter in Hundegesichtern
zum Beispiel, niemand kann es erkennen, aber sie
lachen! an der Wurzel des Herzens das Lachorgan,
das Verdutztsein, die Wünsche, der Aufblick
ohnegleichen, bei den größeren Hunden die
Gewandtheit neben der Schwerfälligkeit und Träg-
heit, alles im nämlichen Augenblick, wenn ich zum
Beispiel am zeitigen Morgen, oder nachts beim
Heimkommen, in irgendeiner Weise *unorientiert* bin,
dann passiert mir eben allerhand Trübes, rufe ich, aus
Erschöpfung ich meine ich füge mir Schlimmes zu,
stoße mich an, schneide und kratze mir Wunden, ver-
fange mich in umherliegenden Geräten und Gegen-
ständen, strauchle und falle, *beim Haareraufen*, ich

verfehle mich dann, es gerät mir alles ans Auge .. oder
eine Mode zu fliegen ..
(»ausgezogen und ausgemantelt ..« .. am liebsten die
nackte Wahrheit ..), abschnallen die Arme die Beine,
wie dastehen, wie dastehen vor der Welt? bin bekann-
ter Davonlaufer auch Davonlauferin, was weiß ich, ein
Zwittergeschöpf, wer hat immer meinen Mund zugenäht? später spiegelt der Flieder im Fenster, unter
seine blauen Fittiche nimmt mich der frühe Maientag,
Augen und Ohren tauchen im lichten Blätterdach
unter, bin noch nüchtern, habe noch mit niemand ein
Wort gewechselt, eine auf Sinnestäuschungen beru-
hende ausführliche Krankheit, rufe ich, vermutlich
Pollenkrankheit, oder Pollution eine ununterbro-
chene Pollution in meinem Gehirn, und während er,
LERCH, durch den Saal eilt, an mir vorüber und mit
einem seitlichen Blick mich zärtlich berührt .. DU
HAST DICH GESCHMINKT .. TATSÄCHLICH GESCHMINKT
.. ein Erbeben in mir, eine lange Ergriffenheit, Blumen am Rande des Fleisches, als hätte er mich mit
geweihten Buchsbaumzweigen berührt, ein sachtes
Aufrichten Schäumen Überlaufen Zerfließen .. dieser
Koloß, rufe ich, Mammutknochen, diese wunderbaren Mammutknochen die meinen Leib wie auf Säulen
jederzeit umherzutragen bereit sind während das treue
Haupt irgendwo in den Bäumen –
fühle mich alterslos, vielleicht sieben Jahre alt, in meinen Turnschuhen, langem Gewand, *mit Botentasche*
und überhaupt singend, frisch gesämt und gesäumt,
stand ich in der Wiese, die spielenden Kinder liefen
aber hinein. Was die Füße nur tragen konnten, was die
Augen halten konnten, ich schreibe sonst in den Him-

mel, die Ohren im Fensterladen, *wie eines Schäfers Kind weil die Kehle so dünn ist*, mit einer Mandel die Zähne gewaschen, mit einer frischen Brennessel die Ohrläppchen gepeitscht, eigentlich knüppeln, rufe ich, ich höre es klatschen, die Brennessel klatscht gegen sein Ohr, LERCHs Ohr, ich sehe daß sich sein Ohr bald dunkelrot färbt, Eintragungen auf dem fliegenden Vorsatz, oder zusammengeschaut wie NACHTIGALL UND NADEL, am Morgen so lebhaft und fein empfindend mit so ausgeruhten Nerven, sage ich, daß sich alles mit allem zu verbinden scheint, alles zu allem Beziehungen ahnen läßt, jegliches Gedankennetz sogleich zum Weiterspinnen einladen will, und andere hoch fliegende Landschaften. Das fliegende Auge zum Beispiel, gegen das Licht gehalten gegen den Tag, auf die schöne Sonne fielen die kühnen Berge und die blühenden Hügel deckten uns zu ..

ich erinnere mich, rufe ich, als er zum erstenmal mein Zimmer betrat, fragte er nicht, wie es die meisten Besucher zu tun pflegen, OB ICH HIER NOCH IRGEND ETWAS FINDEN KÖNNE, sondern er sagte nur DU KANNST HIER NICHT MEHR HERAUS, und vielleicht meinte er damit, ich sei in eine Falle geraten, womit er nicht unrecht hatte, allerdings gelingt es mir manches Mal, das eine der beiden Fenster zu öffnen, erklärte ich : dann kann ich hinaustreten, vom Laubengang über die Wipfel der Alleebäume blicken und gegen Westen auf die Umrisse der Berge die unsere Stadt umfangen; auch nachts, wenn ich aufstehe, wenn ich in meiner ständigen Unruhe nicht mehr schlafen kann, empfinde ich ein großes Glücksgefühl, wenn mir im glänzenden Fensterausschnitt die Sterne erscheinen und der Mond in seinem Nimbus oder von gelbgrauen Wolkenschleiern umdüstert : und segelt dann genau über meinen Zenit hinweg, ein Monduntergang, ein Wortuntergang ich schreibe dann in den Himmel, das schöne Briefpapier mit dem Papageienverschluß, der Briefplatz raschelt wie Seide, eine Erneuerung ein Exkurs ein rosa Puppenarm auf dem Parkett, Andeutungen einer hypnotischen Zukunft wo alles auf die kleinstmögliche Berührungsfläche hinausgetrieben scheint . .

das Buch kommt wieder Wäßrigkeit, diese Veränderungen in mir wie soll ich es nennen . . auf emotionale Anregungen hin versuche ich diese Papageiensprache durchzuhalten, die Fabel ist nicht mehr vorhanden, vielleicht ein spezifischer Zustandsbericht, etwas das sich nicht nur in einem Zeitmaß von Tagen, Wochen und Monaten abwickelt, sondern sich an bestimmten Stellen zum funkensprühenden sphärischen Ball verdichtet, ich weine und weine (vor Freude), oder wie soll ich sagen. Die Wärme des Morgens, das letztemal (*sterbemal*) saßen wir gruppenweise in einer geräumigen Wohnung, zwischen den gegenüberliegenden Türen rückten wir heimelig zusammen, plötzlich bewegte sich der eine weißgestrichene Türflügel und ich sah daß er etwas wie ein Fernsehgerät barg, es flimmerte und tönte dort heraus, und die Gastgeberin verschob den Türflügel ein wenig damit ich besser auf die Bildfläche sehen könne, darauf verschob aber einer der Anwesenden den Türflügel so, daß er selbst besser sehen konnte, und das ging immer so fort, immer rückte jemand an dem Türflügel, ein schrecklicher Lebensüberdruß überkam mich plötzlich mit einer solchen Wucht daß mir die Tränen hochstiegen, ich nahm jetzt nur noch mit Abscheu die Leute wahr, die mir früher so nahegestanden waren, mir ekelte plötzlich so sehr vor jedem von ihnen, daß ich mich außerstande fühlte, in einem Raum mit ihnen zu atmen, ich erhob mich, warf noch einen letzten Blick auf die erstaunt scheinenden Freundesgruppen und ging hinaus, aber ein lautes Lachen von allen Seiten begleitete meinen Abgang, eigentlich ist der Traum weg, rufe ich, Meridiane die meinen Körper durchfließen, also Entgeisterung, rufe ich, Tropfspur von frischem Blut, ich bin der Blutspur gefolgt auf meinem nächtlichen Gang durch die Straßen, hoffend daß es gelingt nicht abzustürzen nach dem kleinen Strich, das ABER der Seen (Feen) ist immer sehr wichtig, der Kopf kennt jeden Tritt, die zerzausten Büsche am Straßenrand, diese Veränderungen in mir woher soll ich sie ableiten, Wildvögel flogen von roten Bäumen, dunkelviolett blühte der Feldrittersporn. Mit Kopffedern. Mit Grashüpfern an den Füßen .. da ist Beständiges auch Trostvolles in der Natur, rufe ich, im Ablauf ihrer Gezeiten, heute windet es stark, der Himmel weißblau, von den Kletterpflanzen die sich über die Steinmauer ziehen, manchmal bis in den Wipfel eines vor üppigem Wachstum auseinanderbrechenden Brotfruchtbaumes schwimmt ab und zu etwas Blütenwolle an meinem Fenster vorüber, eine winzige Spinne hat da ihr Netz gespannt, Verschneiung von Kirschblüten. Moschus und Rosenmohn, Mischung der Sterne. Jene verzückte und wilde Gebärde der Natur, rufe ich, mit der sie uns immer aufs neue durchdringt, Dolchspitze eines Frühlings, rufe ich, so daß eine wunde

Wehmut zurückbleibt im Herzen, dies gnadenweise Regentropfengefühl, liebkosend gegen Wange und Stirn, auch Taufbad, zarte Manie, ausführliches Steppengras ..

meine Gedanken schlingen ihre Knoten fester um mich, Orchidee oder seinesgleichen, sein Abschiedskuß zeichnete einen schwarzen Fleck auf meine Wange, ich spreche von LERCH, eine Feuerbrigade wischte vorüber, wir rechnen uns aus wie lange wir einander schon kennen, kommen auf zwanzig, dreißig und mehr Wochen, Monate, Jahre ..

Ein Phänomen, ruft JULIAN, daß man es ungern sieht, wenn der vertraute Mensch sich dem Prozeß des Alterns widerspruchslos überläßt, dies auch bekennt. Ein Phänomen, daß wir wünschen, er möge den Schein der Unverbrauchtheit mit Rücksicht auf uns wahren, den Schein einer Unzerstörbarkeit durch Zeit. Ein Phänomen unser Wünschen, er möge uns lange damit verschonen, er möge uns lange nicht zum Zeugen aufrufen jener beschämenden Unvermeidbarkeit und empörenden Niedertracht ständigen Alterns, »seufzend und weinend« (Goya).

Orchidee oder seinesgleichen ..weiße Füße trage ich zur Zeit (Möwen), heimliche Brandung, jetzt in der Talsohle meines Schaffens, aufmucken, rufe ich, oder wie soll ich sagen. Über den Hügelkamm, genährt nur von Nesseln, ganz grün geworden flog ich über den Kamm der Berge, verlor mich im Wald und irrte drei Stunden umher, dann kam ein schweres Hagelgewitter, über den benachbarten Weingärten zog es herauf, als eine Totenwäscherei .. bin sehr verwundbar geworden, merkte zuerst gar nichts von meiner Verletzung, nach und nach Gefühle des tiefen Unbehagens, dieser Ausbruch von Tränen (Nervengewitter). Das schlimmste ist ja wie sich die Außenwelt vordrängt und eindrängt und jederzeit uns mit besitzergreifenden Ansprüchen zusetzt und ängstigt und in die Enge treibt, Tag und Nacht, daß wir uns zuletzt gezwungen sehen, uns gänzlich zurückzuziehen, zum HOMO CLAUSUS zu werden – – würden wir nicht doch noch im letzten Moment zurückgeholt in etwas wie unsere *natürliche Beschaffenheit*, oder wie soll ich es nennen. Denn indem wir uns immer weniger imstande fühlen, mit unserer Umgebung Beziehungen auszutauschen, ja indem es uns kaum mehr gelingt, die oberflächlichsten Kontakte vollziehen zu können, erleben wir plötzlich also von einer Minute zur andern, etwas wie eine UMKEHR : fühlen uns plötzlich also von einer Minute zur andern, als unser eigenes UMSPRINGBILD: wollen plötzlich mit jedem Gemeinschaft, wollen uns mit allen verbrüdern, verflechten, gleichmachen, wollen uns überall anlehnen, anschmiegen, einschleusen – – ach gemeinsames Auge und Ohr, Hirn, Kopfputz, Geweih, Fuß, Hand und Mund .. ein zuvor und hernach, fühle mich fast betäubt, die Delle von gestern nacht in meiner Wange, linksseitig Wange und Kopf als ich aufgestützt las, die letzten Seiten des Buches, Avis und Glossar, hinreißender Anmerkungsstil, plötzlich die Pockennarbe an meiner linken Wange, wassersüchtig, bei schärferer Prüfung, im Spiegel verwaschen / zufuß über große Wasserflächen geschlittert .. jetzt mischen sich immer ungehinderter Erfahrungen des Wachens mit jenen des Traums, rufe ich, heute morgen eine den ganzen sichtbaren Himmel überziehende plötzliche Dunkelheit, ich habe es selbst gesehen, stetig in winzigen Flocken wehte der Schnee, ich ziehe jetzt nachts die Vorhänge nicht mehr zu, so sehe ich Sterne und Mond, sie flimmern über dem Giebel von gegenüber, ein Brief von LERCH, indianisch, chinesisch dazwischen mongolisch, ich weiß nicht, in violetter Tinte geschrieben, heute Andreas vierter, Februar, Freitag, versetzte mich in einen finsteren Geisteszustand, bin vom rosastichigen Schneelicht früh geweckt worden, rufe ich, ein Schneepflug rast durch die Gasse, schießt durch die Gasse, schnellt sprühend unter meinem Fenster vorüber ..

mit gesenktem Kopf in der Blumenstube, der Baßgeige trat silbern der Schweiß aus, ich habe es selbst gesehen, Violinschlüssel einer Frau, etwas Irisierendes zwischen Dur und Moll, die Fabel nicht mehr vorhanden, Ausrüstung einer zuckenden Sonnenschlange oder dergleichen. Eine Erzählweise haben? auf welche Erzählweise ist überhaupt noch Verlaß, welche Erzählweise ist noch vertretbar, wir wollen nicht mehr eine Geschichte erzählt bekommen, wir wollen nicht mehr eine Geschichte erzählen müssen, die zerrissenen Gefühle, die eingebrochenen Gesten nehmen zu einer Repetitionsmechanik Zuflucht, hypnotischer Kreisgang, ein dem Leben abgelauschtes Wiederholungsprinzip .. also polysemantisch erregt, eine Aufregung der Sinne, des Herzens, oder wie soll ich es nennen.

Furiose Schafgarbe, draußen hat es geblitzt – – es ist lange her ich war ein Kind und es schneite ..

Mitten in einem Traum das Zungengebäck, und da waren wie von einer Schultafel zwei Zeilen aus einem

Gedicht von Poe abzulesen, am untersten Rand. Aber ich behielt sie nicht bis zum Erwachen, knapp vorher stapfte einer der Heiligen Könige, der schöne Mohr, mit platten Füßen, über eine Schneebahn, Gewichten gleich schienen die beiden Plastikbehälter welche er trug an seinen Armen nach unten zu ziehen, seine Arme bedrohlich in die Länge zu dehnen .. Fellmütze statt Diadem .. die weißen Knochen des Mundes .. die feinen schimmernden Schlangen des Kopfes .. gern alles mit einer Hand tun, die andere Hand sieht *tatenlos* zu, weil man immer zerstreut ist, nein weil man auf die Fortführung eines Verlaufes gerichtet ist, einzig bei der Sekunde selbst.

Damals, mit LERCH, rufe ich, den steilen Gartenweg abwärtsgelaufen, zum zugefrorenen Teich, die schwankenden Blaumeisen im Geäst ließen klirrende Töne vernehmen. Das Zebra, fragte LERCH während des Abwärtslaufens, wie war das eigentlich mit dem Zebra, war es die Zeichnung, der Blick – oder was nahm dich so ein? Es war eine große Erfahrung für mich, erzählte ich, das Tier stand da, rührte sich nicht, blickte mir tief in die Augen. Später jagte es ein wenig in seinem Gehege umher, aber mir kam der Gedanke daß es wie in einem *Traum des Tieres* geschah, es jagte ein wenig umher, aber so unwirklich, so an den Grenzen seines Bewußtseins, daß ich weinen mußte. Es schien irgendein Geheimnis offenbaren zu wollen, eine Botschaft die mich nicht erreichte, ich meine es fehlte nicht viel, aber im letzten Augenblick konnte ich es dann doch nicht begreifen .. diese Botschaft, für deren Entschlüsselung mir offensichtlich jede Voraussetzung fehlte, hat mich lange beschäftigt, hat mich lange nicht ruhen lassen .. meine Haare stehen jetzt gegen den Himmel, meine Gehirnzellen nehmen manchmal die Gestalt von Delphinen an, meine Kapazitäten lassen deutlich nach, in einem starken und zornigen Ausdruck des Schmerzes brülle ich alles in mich hinein, ohne auch nur den kleinsten Laut zu geben, ein Durcheinander von Rollenverteilung, also brülle ich alles in mich hinein, ohne daß jemand etwas davon erfährt, und stiefelnd den Berg hinunter, das sind jedoch alles nur Vermutungen, Koloraturen, Kadenzen, rufe ich, auf emotionale Anregungen hin versuche ich diese Papageiensprache durchzuhalten, im Korintherbrief sagt Paulus DIE ZUNGENREDE IST NICHT EIN REDEN MIT MEINER VERNUNFT, und er wurde für rasend gehalten, etcetera.

Diese Veränderungen in mir woher soll ich sie ableiten, Geräusche des Wassers, Schilffinger an meinen Lippen, nervige Kehle .. an der Kreuzung die bärtige Frau .. AIRMÄDEL .. von Zeit zu Zeit eine Frau mit Bart wie eine Begräbnisfrau aus der Unterwelt, führte mich irgendwohin nach Hause, sage ich, wie ein Christus lag sie in der Mitte des Bettes, rechts und links ihre weinenden Kinder, Knabe und Mädchen, das eine Kind *wie eine Nuß wie James in Verzückung*, später sah ich wie die beiden Kinder gegen das struppig verwilderte die Fahrbahn säumende Buschwerk lehnten, rigides Gestrüpp, das das Gewicht der Kinder leicht trug, dann sah ich wie sie einander in dieses dornenspitze Gesträuch hineindrängten und -stießen und wie sie schreiend darin zu versinken schienen, während ihnen das Blut an Armen und Beinen hervorsprang .. *das ist ein ande-*

rer Stil, sagt JULIAN, *ausführliche Passage nämlich als Melancholikerin* ..

Ich habe eine Analyse gemacht mit fünfundzwanzig und fünfundvierzig, der Schmerz von Niere und Magen hat das Seine dazu beigetragen, ich habe alles mögliche versucht, die Analyse wieder angefangen .. sieben Monate sieben Jahre nein siebzehn Jahre nahm ich eine Chance wahr aber sie erwies sich als falsch ..

die Begräbnisfrau besaß weibliche und männliche Geschlechtsmerkmale, beugte sich über mich während ich schlief, *eigentlich ist der Traum weg*, sie war ein Zar (Zarin), kann eine Perle sein in meinem Leben, oder ein Vogelgespann, ist es das Leuchten beider Geschlechter?

Ich lebe bedrückt und angestrengt und tue das Falsche, habe mich ausgestreut auf die mich umgebenden Lebewesen und Dinge, und doch wieder nicht, ich möge mich wegscheren. Ich bin sehr elektrisch geworden, ich elektrisiere mich überall, die Funken sprühen sichtbar von meinen Fingerkuppen. Ich versäume auch meine Züge, die Zeit zerrinnt mir zwischen den Fingern, ich habe gar keine Zeit mehr, es kommt mir vor, ich habe noch nie so wenig Zeit gehabt wie in diesen Jahren, die Wahrheit ist, ich verfüge über immer weniger Zeit, ich bin zu spät in meiner Zeit.

Die Telefonzelle grün umbuscht, die Berge zum Fürchten, das Gesichtsfeld ganz ausgerollt, mit allen Augen und Ohren, Stirnauge (Oberbra), oder es ist dann so wie wenn jemand sagt DER KÖRPER WEISS DAS DANN VON SICH AUS AM BESTEN, ich möchte möglichst rasch überleben, ohne Schmerzen, eine neurotische

Beziehung zu meinen Sinnesorganen, oder wie soll ich es nennen, Otitis seit mehr als fünf Wochen, rufe ich, und kaum Besserung zu erwarten, oder doch, *in der Meinung des Vaters* ..

es ist das Pirschen, das schöne Sehen, die heimliche Absicherung, das Wühlen in einem Überfluß, also Affiche, Botschaft und Anzeige, das ist die freie Wild-bahn in der ich mich bewege, ach was, doch niemand merkt etwas von dieser Inszenierung, ich habe es selbst gesehen, die abgenommenen Arme des Baumes am Straßenrand, ich habe es selbst gefühlt, die Schnitt-flächen graubraun verkittet, man unterbindet sein Sprießen .. schnell schnell bevor ich weine, Hydrant als Zebra, betrunkener Junge zieht leere Flasche hinter sich her, ich erinnere dieses Mädchen diese Schönheit, mit Zebrafrisur, ich habe es selbst gesehen, ich sah eine Frau mit Zebrafrisur, sie hatte schwarzweiße horizon-tale Streifen ins Haar gefärbt, ein Dekor ohnegleichen, rufe ich, es gibt keine Zeugen aber es ist wahr, ich meine ich habe es oft geträumt, *und ist schon wieder vorüber* ..

ein gelbes Luftschiff über den Dächern, wir essen kleine Drachen den Mond, mein Pfeifenvater und ich, das Schnüren im Hals sobald ich ihn vor mir sehe, in meiner Erinnerung, ich sehe ihn auch als gelbes Schiff über den Wolken, alles zu seiner Zeit, ich erwarte mir alles von ihm, sage ich, kannst du mir folgen, ich erwarte mir alles davon, nämlich von dieser in Auftrag gegebenen Sonntagsmesse, *in der Meinung des Vaters*, und daß ich wochen-, ja monatelang an dieser Krank-heit gelitten habe und immer noch leide, kann ich mir nur aus der Unentschlossenheit ableiten, endlich eine heilige Messe lesen zu lassen. Ich treffe den Mesner an, er sitzt hinter einem Schreibtisch und ist gerade dabei, sich im Sitzen ein Meßgewand überzustreifen, ich zucke zurück, aber er bittet mich näherzutreten. Für wen, fragt er, für wen soll die Messe gelesen werden, jeder Satz eine Aussage, jeder Satz eine Botschaft, ich halte mit meiner Vorstellung einer Fürbitte für mein eigenes Wohl zurück, erkläre indessen, daß es für meinen Vater sein solle, im Gedenken an meinen Vater, sage ich, Franz Xaver, sage ich, als Intention. Wird es entgegengenommen? er füllt eine Quittung aus, wieviel, fragt er dann, Tag und Stunde, als Spende .. die vielen Trompeten, sage ich, ehe ich weggehe, also Posaunen, und einer schlug auch die Trommel, aber die Puttenähnlichkeit, rufe ich, die Puttenähnlichkeit des einen, offenbar jüngsten Musikers war mir sogleich aufgefallen, die Tropfspur zum Beispiel, frisches Blut, die jettschwarzen Augen auf bleichem Grund, der Baßgeige trat augenblicklich der Schweiß aus, ich habe es selbst gesehen, ein silbriges Grün blieb als Tropfspur zurück, ein nicht identifizierbarer Knall von der Straße her ließ mich zusammenfahren, das gelbe Schiff, einsame Wolkenschiff ist in die Nähe gekommen.

Beim Treppensteigen kann ich nicht sprechen, während des Gehens darf nicht gesprochen werden, etcetera, eine Geisteserscheinung, hier wie dort, auch suche ich immer nach etwas ohne zu wissen was, brustwarm und -weich, wenn ich zum Beispiel mit den frischen Poststücken die Treppe heraufsteige zu mir, ich bekomme zu wenig Luft, das Treppensteigen macht mir schon Mühe, ich werfe die Post auf das

Bett, auf den Tisch, auf die leeren Stühle, hier wie dort, mit freudiger Hast Stück für Stück geöffnet, gemustert, gelesen, hier wie dort auf der Suche nach etwas, ich weiß nicht was, irgendeine Verheißung, eine Botschaft, verschlüsselte Nachricht, wie soll ich es nennen, bin auf der Jagd nach etwas, weiß aber nicht wonach, wenn ich zum Beispiel ein Buch aufschlage, bald darauf das Buch beiseite lege, weil ich nicht finden konnte, wonach ich gesucht habe, oder weil mein Verlangen etwas zu finden von dem ich nicht weiß was es ist, nicht gestillt wurde, wir stehen unter Strom, aber der Schalter bleibt abgeknipst, undsoweiter. Ich lege das Buch beiseite, vielleicht komme ich später noch einmal darauf zurück, oft finde ich Bücher in meiner Wohnung, in welchen alte Lesezeichen aus meiner frühesten Jugend zum Beispiel eingelegt sind, wie Lebenszeichen. In jüngster Zeit gab es überhaupt nur zwei oder drei Bücher, die ich zu Ende lesen konnte, sie befriedigten mich vollkommen, indem sie meine Neugierde gleichzeitig reizten und stillten, die Wahrheit ist, ich exzerpierte aus ihnen fast ununterbrochen, es lockte und befriedigte mich auf eine beglückende Weise, und nie kam es dabei zu dem Augenblick daß ich mich fragen mußte, ob und wozu ich überhaupt noch weiterlesen sollte .. Papierladen grau und weiß, wenn das Sonnenlicht plötzlich eindringt, tauchen und fliegen, der Flieder spiegelt im Fenster, unter seine Fittiche nimmt mich der frühe Tag, Augen und Ohren tauchen im lichten Blätterdach unter, Verrenkung der Sinne, gleißend um fünf Uhr früh, Verschneiung von Kirschblüten, weißen Rosen, jeder Satz soll eine Botschaft sein, bei ständiger Kurskorrektur, gestrichene Passagen zum Beispiel, Rapport, die nüchternen Daten, peniblen Bestandsaufnahmen, ich falle aufs Knie und fange zu beten an, die Reibung zwischen der Seele und äußeren Welt, ich schnüre durch die Ebene, durch den Wald, und überhaupt weiß ich oft nicht was für ein Tag ist, im Halbdunkel richte ich mich auf, jetzt ist die Nacht bald vorüber, die Reise vollbracht.

Diese meine Schreibarbeit, rufe ich, verfolgt mich bis in meine Träume, hält mich stundenlang wach, weckt mich am frühen Morgen, nach zerstückeltem Schlaf, *aber Akklamationen dürfe man nicht erwarten für solche Art von Gebetsphantasien* .. : einer sprach das Wort zufällig vor mir aus daß ich erschrak .. auf emotionale Anregungen hin versuche ich diese Papageiensprache durchzuhalten, während der junge gelbgrüne Flor, tropische Papageienflor überall wieder hervorbricht .. als Schäferskind, oder damals mit Lerch, sage ich, weil die Kehle zu dünn ist, etcetera, der Mond ist eigentlich abnehmbar, er fühlte sich zuletzt allzusehr belastet durch mich, weil ich immer mehr eine Kapazität in ihm sah und es ihn auch spüren ließ ich meine ich konnte und wollte mich der überdeutlichen Gewißheit seiner Existenz nicht entziehen, gleichermaßen wuchs die Abhängigkeit von ihm, und die Abhängigkeit ist noch jahrelang geblieben, sage ich, in seiner Flüchtigkeit, Flucht (Volkshöflichkeit) undsoweiter, es war so wie mit dir und mir in den ersten Jahren, aber es war auch fast wie ein Trumpf, also ich spielte da meine letzte Karte aus, oder wie soll ich sagen, immer schon, seit meiner Kindheit, war ich auf der Suche nach etwas, ich konnte mir nie vorstellen was es hätte sein können, erst du, dann LERCH. Oder umgekehrt, was weiß ich, die Grenzen sind fließend, die Umrisse lösen sich auf, ich weiß oft nicht mehr, wo es mit dir oder LERCH anfängt und endet, kannst du mir folgen, aber manchmal denkt man ja, man hat alles falsch gemacht, will ganz und gar nichts mehr wissen von den gelebten Jahren, schämt sich beinahe einer solchen Vergangenheit, das ist vermutlich der Grund, warum man an seine eigene Vergangenheit nicht mehr rühren will, das ist der Grund, warum man es auch anderen verwehrt, daran zu rühren, das ist wohl auch der Grund, warum man keine Erinnerungen bewahrt hat, oder so gut wie keine. Und eigentlich ist man bereit, die eigene Vergangenheit vollkommen zu verleugnen, sage ich, dieses verfehlte Leben. Und in einer Art Panik sieht man die noch verbleibende Zeit zu einem Nichts zusammenschrumpfen, alles zu kurz, rufe ich, alles zu knapp bemessen, um noch einmal neu anfangen zu können ..

alles falsch gemacht, alles Lüge, alles erlogen, das ist alles nicht wahr, oder ich habe es nur erfunden, aber ich möchte es widerrufen, alles zu kurz, sage ich, alles zu knapp bemessen, diese unsere Frist, was weiß ich, bin auf der Nachtseite, bin roter Habicht, und kukkucksfleckig, ein Meer ist, das wogt von einer Seite der Stirn zur andern, immerzu her und hin, daß man ganz schwindelig wird, betörendes AUGENMUSTERN, Sturmfahrt und Wasserabsturz : UMNACHTUNG EINER UMARMUNG, oder akustische Nachbilder, wie du es nennst, davon seien mir dann die Gedanken rasend geworden .. Getös und Getön, wenn es nebenan knackt am frühen Morgen, Reue, Verzagen, wie Knochenknacken hört es sich an, *weiße Füße trage ich zurzeit (Möwen)*, jetzt bin ich die ganze Nacht in Espang Allerheiligen gewesen, rufe ich, oder Himalaja, Geräusche des Anschlagens von Wasser, und Knochenknacken, die Felsen läuteten ohne Ende, sie versammeln sich jetzt in den Lüften, rufe ich, ziehen zu den Schlafbäumen im Westen der Stadt, sie proben es jeden Tag neu, sie proben den endgültigen Aufbruch, während niemand hinsieht, fast niemand hinsieht, die Ströme der Verbundenheit fließen unter Getrenntestem hin, ich schreibe dann in die Luft ich meine ich schreibe in mein Notizheft ohne hinzusehen, im Halbdunkel richte ich mich auf, während des Gehens darf nicht gesprochen werden, beim Treppensteigen kann ich nicht sprechen, es verhindert die Einsichten, stört die Zusammenhänge, ich habe immer für schweigsame Menschen eine große Vorliebe gehabt, nur mit LERCH ist es anders gewesen, er ist mir immer am vertrautesten, gleichzeitig am unbegreiflichsten und entferntesten gewesen, ich habe oft zur Schweigsamkeit meine Zuflucht genommen wenn ich überhaupt nicht mehr weiter wußte zum Beispiel, das Schweigsamsein hat mir noch jedesmal geholfen und wohlgetan, JULIAN und ich sitzen oft stundenlang schweigend nebeneinander, nur mit LERCH ist es immer anders gewesen, wir redeten nächtelang, kamen von einem zum andern, konnten kein Ende finden, köstliche Stunden .. manchmal suchte ich ein Zusammensein mit ihm buchstäblich zu erzwingen, ich meine ich nötigte ihn beinahe dazu, und ich zog meinen Vorteil daraus : ich zog Vorteile für meine *Schreibarbeit* daraus, weil eine Begegnung mit ihm einen nachhaltigen freudigen Aufruhr meiner gesamten Geistes- und Leibesverfassung bewirkte, ich konnte gewissermaßen mit dem Eintreten dieses Zustandes rechnen, ich konnte mich darauf verlassen, daß aus solchen Auswirkungen mir ein Vorteil für meine *Schreibarbeit* erwuchs : in dem Maße als ich mich seinem Kraftfeld ausgesetzt fühlte, schnellte es mich nachher um so heftiger auf mein isoliertes Selbst zurück, welches, wenngleich durch die vorübergehende Trennung verdunkelt, sich in einem Übermaß bereichert und angeregt fühlte. So daß ich zuzeiten, wenn meine Arbeit zum Stillstand zu kommen drohte, eine solche Begegnung mit ihm *richtiggehend zu veranstalten suchte.*

So liefen wir lange, immer im Kreis um den gefrorenen Gartenteich, welcher mit abgefallenem verwehten Laub gesprenkelt schien, wir liefen mit weiten fliegenden Schritten, in eisiger Februarluft, dann hörte das Reden auf, wir waren nicht mehr gesprächig : der Atem stand als sichtbarer Hauch vor den Lippen, im überheizten Lokal in welches wir schließlich flüchteten, ein blasser Blitz im weißen Wasser im weißen Glas, die Feuerbrigaden rasten heulend vorüber, ich goß und goß aus der Flasche obwohl das Glas überzulaufen drohte, längst übergelaufen war, mit meiner Physis mit meiner ganzen Physis habe ich es getan ..

zur Steuer der Wahrheit, ich habe es selbst gesehen, ich habe wieder die Blitze vor meinen Augen gesehen, ein Insult sagte der Arzt, schwere Beleidigung (Schlaganfall), so rasen die Jahre dahin, wo werden wir landen (enden)? Die Ängste überwältigen mich, die Sprache des Jenseits ist schwer zu erlernen, ich muß mich aber allmählich daran gewöhnen, die Angst vor dem Tode zu überwinden, bin von auffallender Figur, sagt mein VORSAGER, aber von unauffälliger Wesensart, wie ein Schäferskind weil die Kehle so dünn ist, etcetera. Vor Tagen noch konnte ich an die Akazienblüten in dieser Stadt denken, die den Duft vergangener Jahre erahnen ließen, manchmal möchte ich von meinem Körper erlöst sein, dann wieder überhaupt nicht. Meine Seele kommt nur selten zur Ruhe obwohl das vielstimmige Weiß in meiner unmittelbaren Umgebung gute Voraussetzungen böte, bei hellheiterem Mittag plötzlich die schmutzig-rohe Sonnenscheibe wahrgenommen, mein Hang zum pedantischen Chaos, zur chaotischen Pedanterie, meine Grillen setzen mir immer ärger zu, ein jeder der mich aufsucht, tritt sogleich mit der nämlichen Frage auf den Lippen mir allzu nahe OB ICH WOHL JE IRGENDEIN STÜCK HIER WIEDERFINDEN KÖNNE, was spitzbübische Vorstellungen sind, im Grunde verdammenswürdige Vorstellungen .. Einwürfe von Holz und Blech, sage ich, Geschabe Gekrächze, und wie in einem Tollhaus bei Nacht, simultanes Gewirr von Geräuschen, Rhythmen, Gesang, die Fensterscheiben vibrieren minutenlang, irgendwo hat es geknackt, ich meine es ist wie ein ständiges Knochenknacken, und der Sturm wehte wie der Tod der Sturm wie der Tod – – Verwandlung Geburt und Krankheit, Gemeinheit, Angst, Grauen und vieles Schreckliche mehr, aber wenn der große Schmerz kommt, verlasse ich diesen Punkt ..

in Anbetracht des fliegenden Auges zum Beispiel, im Halbdunkel richte ich mich auf, überhaupt weiß ich oft nicht, was für ein Tag ist, konnte mir manches

Mal nicht vergegenwärtigen, welchen Monat wir hatten, ob vor oder nach Allerseelen, Weihnachten schon vorüber? ich sollte LERCH besuchen, einen Tag bestimmen, stammelte aber wirr durcheinander, 1 Transvestit, kleiner Polohund, Polarhund ach was! mit Polohemd und Perücke, betrunkener Junge zieht Flasche hinter sich her, *Hydrant als Zebra!, die Frau mit dem Zebrablick*, undsofort.

Zwei niedrig flatternde Tauben kreuzten im Zickzack zwischen uns, ich spreche von LERCH, während wir aufeinander zugingen, durchflatterten uns beinahe, wie regelrechte KOPFBLICKER kamen wir uns da vor, also im Nu, wie Goya, Reisezeichnung im Alter, den zweimal zwei Köpfen schwindelte es dann, Zackensehen bei Augenflimmern, graurote Vogel- und Ahornköpfe im Fenster, der Bergahorn, der Seeadler spornen mich an, aber der Vorwitz nimmt mir noch heute, im nachhinein, den Atem weg, fühle mich exponiert. Goya war vielleicht, am vergänglichsten, mein Vater, was mit den Augen geschieht, weiß ich nicht, oder ich war in mancherlei Wahn befangen, mein Arm kam in eine eigentümlich verdrehte Lage als er mich an sich zog, und weil mein verdrehter Arm schmerzte, bat ich darum er solle mich loslassen, wenn man zeigen will daß jemand gestohlen hat, *verdreht man auch den Arm so*, die Hand umklammert das Geld, warum ist der Arm so dick? nach der Ursache meiner geröteten Augen befragt, gab ich an ich hätte letzte Nacht über eine traurige Nachricht weinen müssen, und mit dem Rücken zum Fluß weil die Füße wie eine Landkarte sind, das Erinnerungsbild zählt drei Zwirnknöpfe am HEMDHOSENZWICKEL des weiblichen Kindes, auch

Säuglings-Montur, Stehkragen, gehäkelter Unterbau, Fassung des Edelsteins!

Je älter ich wurde desto empfindlicher wurde ich auch, oder wie soll ich es nennen, es gibt auch keinen Stil in dem das jeweils Gesuchte darstellbar ist, sage ich, die Wahrheit ist, wir müssen alles den günstigsten Umständen, den günstigsten Bedingungen unserer Tagesposition überlassen, also dem ZUFALL : dieser über alles waltenden Gottheit, zwei zarte Asphaltblasen als Augenbrüste (Magritte), ich laufe und laufe in meinem schwappenden alten Fleisch (Fetisch), die Spur einer alten Wunde, Schwiele? Blessur an der Stirn? eigentlich Feuermal, in den Jahren blasser geworden, kaum noch erkennbar, wie HIRNGEWÄCHS, sage ich, Zahlenplastik, Magie des Berges, des Waldes, das Verdutztsein der Leute wenn sie mein GEHÖRN, mein GEWEIH oder HIRNGEWÄCHS sehen, plötzlich, an meinem Schädel, ich fingere dann, fingiere fingierte dann die Geweihte, *man fingert ich meine fingiert eine Geschichte also fabriziert man sie*, wie ein Opfer wie ein Uhu, bin wie ein Schäferskind, weil die Kehle so dünn ist . .

. . in irgendeinem Bergdörfchen, rufe ich, Espang Allerheiligen ich weiß nicht, mit meiner Matrosen-, meiner Fliegermütze, ich streune ich strome ja nur herum, grübelte ich in Anbetracht verschiedener Beobachtungen die ich da angestellt hatte darüber nach, inwieweit das Vorkommen bestimmter Krankheiten an bestimmte Landstriche gebunden war, oder : ob bestimmte Landstriche und Örtlichkeiten ganz spezifische Krankheiten also Poltergeister hervorbrachten beziehungsweise begünstigten, die Blessuren der Stirn zum Beispiel, die Sprecherin auf dem Bildschirm schien eine frische Stirnwunde zu tragen, aber es war nicht genau auszunehmen, es konnten auch an der Krone herabgezogene kleine Löckchen und Wölkchen gewesen sein, samt der sie beschreibenden Wangenblässe, die Erkrankungen des Auges, zum Beispiel, Hinken und Haarausfall, was weiß ich. Unachtsamerweise (oder war es vorherbestimmt?) zog ich mir da eine Augenverletzung zu; als ich nach der Untersuchung im Krankenhaus einen Laden des Bergdörfchens betrat, fiel mir eine junge Verkäuferin auf, die ein verbundenes Auge hatte, ich vermied es naturgemäß, sie in irgendeiner auffallenden Weise anzusehen. Als ich nach wenigen Tagen wiederkam, merkte ich zu meinem großen Schrecken, daß der Verband weg war, das Auge aber auch. Sie hatte jetzt ein Glasauge, während eine andere Verkäuferin des gleichen Ladens so schütteres Haar hatte, daß man die Kopfhaut durchschimmern sah, am gleichen Tag fielen mir in anderen Geschäften des Orts Mädchen mit Augenfehlern und Haarausfall auf, mir selbst gingen seit damals die Haare stark aus, *Wasseradern, oder ich begann Haare zu verlieren*, oder einzubüßen wie ich nach direkten Beobachtungen feststellen mußte, ich suchte ein Wort dafür, ich meine ich habe diesen Dingen oft den Glauben verweigert, die Worte sind mir überall ausgegangen die Haare.

Um die Wahrheit zu sagen, der Kopf ist nicht bei der Sache, verflochten die Hände, die Augen, die Haare, eine Leidens-, eine Erbarmungsgeschichte?, hatte jetzt einen schönen Schatten, Spuren der Krankheit . .
die Spuren unter meinen hüpfenden Füßen, wie Tau-

bengetrippel, daß ich nicht lache : *weiblicher Genius!*
altmodisch inkliniere ich zu Vertaubung, Verbrühung, Verblutung, Verletzung des Auges, Verrenkung der Hüfte, Haarausfall, da hat es öfter geblutet in
mir, beherzigenswert, der Mund war mir eingetrock-
net, rufe ich, der Mund war mir zugenäht, der Mund
war mir verschnitten, versperrt und verdorben, sang-
und klanglos, oder wie soll ich sagen, ich bin in meine
Arbeit ganz eingehüllt aber die Arbeit kann einem
nicht immer Stütze sein, man zeigte mir wieder die
Zähne, gewaltig ..
manchmal scheint es mir, die Zeit stehe still, und
niemand gehe hier ein und aus, eine weggeworfene
Plastiktüte immer noch auf dem Flur, seit Tagen im
Steinboden die losgetretene Fliese, nach oben ragend,
auf dem Stirnsims des Korridorfensters und gegen die
Mauer gepreßt, eine frierende Taube, die ersten Win-
terstürme sind angekommen, aus den Schornsteinen
von gegenüber verwehte Rauchfahnen eisige Dampf-
ferfahrt, wie die Löffel am Morgen einsinken! die
glühend heiße Unterseite des Teekessels, den ich vom
Feuer genommen habe, plättete augenblicklich ein
kreisrundes Signum auf die rosa Überdecke des Sofas,
jetzt nimmt der Sturm meine Laubhütte auf seine
Schwingen und treibt in die Höhe damit, Flocken im
Wasser, in den Umrissen der Wolken zum Beispiel,
die herrlichsten Landschaften.
In Anbetracht des fliegenden Auges, sage ich, bin ganz
Sonne ein Ungetüm, alle sechzig Jahre (ein Feuerpferd), alle Gedächtnisspuren verwischt, ein geröteter
ein gerösteter Zustand oder wie soll ich sagen, und was
JULIAN anlangt wenn JULIAN etwas sagt oder grübelt,

setze ich mich zärtlich unterwürfig also wie eine Taube neben ihn, obwohl ich alle Tage dirigiere, alle Minuten, wer hat das Licht, wer die Dunkelheit, und indem ich die Zeit gleicherweise vor und rückwärts laufen lasse, muß ich an die ewige Anknüpfung denken, die sichere Größe, auch bin ich es zufrieden, von hier aus das Treiben etwas entfernter zu sehen, wenngleich es ohne Berührung der Außenwelt ja nicht geht. Offengestanden, als ich im Zug die kleinen oftmals hübschen und gepflegten Häuser und Städtchen liegen sah, empfand ich etwas wie ein wohliges Bewußtsein von Zeitmaß : Geborgenheit fühlen zu können oder dieses Gefühl in sich aufkommen lassen, ist ja nicht etwa Primitivität sondern eine Art Vorgriff, der erstaunt und beglückt, eine heraustretende Wahrheit vielleicht, ein Gleichnis.

In Winken und Andeutungen, oder in Erinnerungen an einen ungenauen Zustand in einer Frühzeit, vom Bubikopf abwärts .. schwebend, kreisend, klavierend in weiten Höhen, Auffliegen eines Vogels (Satie), eine Mode zu fliegen .. das Unterhaupt nämlich Kopfkissen, zartes Knarren, ich lege mein Ohr an die Zimmerwand, höre die unverwechselbaren Geräusche eines im Tiefschlaf gleichmäßig Atmenden, von unten wieder das Weinen des Hundes, wie ein Käuzchen bei Nacht, ich mache mich daran, die Seiten des Buches mit einer Schere statt mit einem Papiermesser bis zum Ende aufzureißen, dabei fransen die Blattränder, vielleicht sollte man den Aspekt des Erzählens endgültig von sich weisen, Goyas Eselsserie, zum Beispiel, rufe ich, Landschaft in schwarz, pinturas negras bei Goya, die Farbe, rufe ich, mochte ich sehr, die Taschenverstecke hatten etwas von Kinderschürzen .. so ist es die schwarze Sonne die mich erkannte, milde Beflügelung, Eselskind, Taube, oder wie eines Schäfers Kind weil die Kehle so dünn ist .. ich schreibe das, noch im Bette liegend, am Morgen IN GRÜN VOR, nämlich mit hellgrünem Stift, oder wenn ich ohne wirklich zu schlafen im Bette liegend, spüre, wie eine Kraft mich in gewissen Intervallen nach rechts dreht also aus meinem Bett herausdreht und -schraubt so daß es immerfort aus mir heraussprudelt und herausbrodeln muß, *verstehe wer kann!*

Die Puppe saß in ihrem grauen Kaftan zwischen den Fenstern, aufgewacht, ein endloser Mond, ein langes Leben der Vorsicht geführt, Versagungen, unterdrückte Wünsche, was weiß ich, mein Rauchfaß die dunklen Pflöcke der Menschenköpfe, gesteuerte Halluzinationen .. mein Uhrglasauge ist aufgewacht, die verquollenen Lider, Hohnlachen Toben, ein atembeklemmendes Hin und Her, ein anhaltendes Hüpfen und Tanzen : während mein Bedürfnis mich der Welt zu entziehen immer drängender wird, immer noch will ich die verbleibende Zeit erpressen, alles aus ihr herauspressen und -locken .. bin ein gutes Stück abseitig gekommen, muß manchmal die eigenen Emotionen künstlich erzeugen, also die scheinen oft nicht mehr genuin vorhanden zu sein, oder was. Muß alles erst anzapfen, anprobieren, bewegen; versuchen, ob es mir noch gelingt : die Freude, Entrüstung, Erbarmung zum Beispiel, ein Hingegebensein an die Welt : alles fraglich geworden. In einem Frost, dann bin ich von meinem fliegenden Trapez tief gefallen, *nämlich als Niete.*

Nämlich nur nachgesagt, alles nur nachgesagt, halb-
herzig mitgetan, immer die Ausflucht im Auge, den
Schlupfwinkel, den Verrat .. die Renner schleunigst,
nicht aufzuhalten in meinem Kopf.

Aus dem Honigglas löffeln, am Frühstückstisch,
Geruch und Geschmack nach Huhn und Ei, wenn ich
die Wohnungstür öffne, oder im roten Barchent, das
Fell der Brust, die stillen Organe, bin verständig wie
ein Affe geworden, denke um drei Ecken weil mir alles
entfällt, auch meinen Händen, zerstücken, zerstäu-
ben, vom Bubikopf abwärts, Affinität zu Unfällen im
häuslichen Bereich, rufe ich, kannst du mir folgen, zu
Ersatzhandlungen Zuflucht genommen, die Zeitlich-
keit wieder aufs Korn genommen, immerzu Bettgang
und Auferstehen! Weil ich ja auch keine Relationen
mehr kenne, nämlich Zwecke, keinen Zweck Fami-
lienzweck und -krebs (»hat es in Ihrer Familie jemand
mit dieser Krankheit gegeben ..«) undsoweiter, *Finger, schnellender.*

Erkenne mich mit Fliegermütze Duschkappe wieder,
habe plötzlich Erinnerungslücken, rücke die Augen
nach links wegen der Tennisbälle die sich fortwährend
verirren, studiere Pasteur Goya Joga und Freud, was
weiß ich, also verklärter Blick in die Enzyklopädie der
himmlischen Weisheiten .. Zeilenzähler als Lesezeichen, natürlich beziehe ich die Tageslektüre in meine
Schreibarbeit ein, rufe ich, was sonst, auch die an mich
gekommenen Briefe, *schamlos*, wie LERCH einmal
sagte, vermutlich als Anspielung auf meine damals
gegen ihn gerichteten *Korrespondenzübergriffe*, das ist
alles lange her aber ich erinnere jedes Wort : die Versuchung sei groß, daß wir uns einer Person brieflich

in einem Maße nähern wie es den persönlichen Bindungen überhaupt nicht entspricht oder nicht mehr entspricht, und das unterläuft uns, indem wir einem verliebten Hang für den Akt des Korrespondierens nachgeben, jenem geheimnisvollen ANHEIMFALLEN, von dem unser Gedankenbewußtsein im Grunde wenig weiß, so daß es erschrocken vor einer folgenden leiblichen Wiederbegegnung mit dem Adressaten zurückweicht .. ach, was uns da alles vorschnell entschlüpft, hatte LERCH gerufen, wie sehr das saugende Weiß des Briefblattes unsere sonst so strenge Zurückhaltung überrumpelt und auflöst .. ich erfaßte nicht gleich, was er mir andeuten wollte, ich begriff immer mühsamer, damals schon, oder etwas in mir stellte sich einem Begreifen entgegen, Anfang aller Fatalitäten .. habe plötzlich wieder Erinnerungslücken, also Unterbrechungen in meinem Bewußtsein, oder wie soll ich es nennen, habe seit einer Woche schwere Schlafstörungen, befinde mich in einem schmerzhaften Taumel, halbschlafartigem Zustand, fühle mich von beängstigenden Ahnungen eingeholt, etwas komme auf mich zu das mir Schaden zufügen, das mir Leid antun könnte, in Winken und Andeutungen, in Erinnerungsblitzen an einen ungenauen Zustand in einer Frühzeit .. Verwandtenbesuche, die beiden Vögel, der blaue und grüne, die beiden Verwandtensöhne mit ihren Geschenken für mich : zwei Vögelchen im Nickkrampf zu einander, und wie die Knaben, als ihr Vater sie fotografierte, unmittelbar nachdem der Blitzstrahl sie getroffen hatte, wie auf ein Zeichen sich erschrocken die Ohren zuhielten, als sei ihnen das Blitzen auch dorthin gedrungen, Vexierbild und Vesperbild, und

spannten den nassen Schirm, daß er trocknen solle aufs
Sofa, ich sah dann die abrinnenden Tropfen in die
Bettdecke sickern, ich habe es selbst gesehen, alles
zerstückt und zerstäubt, zerstoben, zerstreut, aus den
Händen gerissen, dem Bewußtsein entzogen, *über-
schwenglich klavierend.*

Das ist dann das Dämmern (der Dämon) das Ab-
schneiden, das ist die Szene, das Abschnallen der
Arme, der Beine, wie stehen wie dastehen vor der
Welt, wie leben?

Benutze jetzt lieber den Ellenbogen weil ich elektrisch
bin, kratze dann etwas in mein Schreibheftchen, lache
und rede, halte meine Verabredungen peinlich genau
ein, spiele meine Rolle (WELCHE?) perfekt, habe lange
Zeit Goya-Monographien gelesen, jetzt aber wieder
gelassen davon, alles so fluktuierend, die reinste
Ablenkung, Zerstreuung, Versuchung, ein dem Ohre
auffallendster Vogellaut, auch kommen mir Bücher
unter, oder Bücher werden mir *geheimnisvollerweise
zugespielt*, ich stütze den Arm ab, während ich nachts
lese, oder er schläft mir ein und ich friere, ich schlage
gereizt die Decke über die Schulter, schlüpfe von Zeit
zu Zeit darunter, ich erwache halb drei oder früher,
ohne Bedürfnis weiterzuschlafen, lese dann bis zur
Morgendämmerung, das Buch fällt mir aus der Hand,
ich schlummere weiter .. beim abermaligen Aufwa-
chen der Blick aus dem Fenster, ein Übermalen, in den
Umrissen der Wolken zum Beispiel die herrlichsten
Landschaften, Beglückung des Augs, zwischen den
schimmernden Wolken, der doppelte Himmel hat so
viel Anziehung, dies ist beträchtlich, einzig und wört-
lich wahr, die beharrliche Lichtgestalt, jetzt haben wir

Wärmegrade, ein Winterfrühling so scheint es, alles löst sich schon wieder auf ich meine in Analogien, Tisch und Bett, oder in eine Tageskulisse verschoben, rieche den Frühling, obsessionell : Moschus, Patschuli .. ma mère .. vielstimmig Lichtwerk, *Lichtwark* (bei Goya) .. die in Farbe getauchten Schatten, Schatten von großer Dichte, oder die Farben hielten sich bis in die Schatten lebendig, ich spreche von LERCH, das hat dann dem Freund viel Farbe angetan, durch den Schnellboten auf der Wegstrecke sein, ich zeigte die Äpfel vor, einer vollkommen mumifiziert, schwarzledern, die anderen verrunzelt, geschrumpft, den einzigen rotbackigen, nachdem er ihn gewaschen und handtuchgetrocknet hatte, steckte er in die linke Rocktasche, an der Wurzel des Herzens das Lachorgan, jetzt ist mir diese Distanz willkommen, so daß es mir fast ein Erschrecken ist, wenn er sein Kommen ankündigt. Früher, als hätte man mir Arme und Beine abgenommen, ließe mich in einem Zustand der Verstümmelung zurück nach seinem Weggang, nämlich die Heiligen Könige .. kommen und gehen, in Wasser ..

In eine Tageskulisse verschoben, davon fließen die Berge über, die Augen, als seien wir plötzlich auch hier von einem Golfstrom umspült, es rauscht so sehr, man kann seine Stimme kaum hören. NIEMAND. NICHTS. Wenn ich aufschaue, wenn ich erwache, in der Zimmermitte der Dattelkern, ein Birnenblatt auf dem Küchentisch, auf der Straße sah ich jemand in einem schönen Kleid, später / wahnhaft? / Spaniel mit weißer Schwesternhaube, vermutlich Ohrenkupierung ..

wir tauschen Reizwörter aus, ZEITGEIST und FRAU-
ENKLANG, VERL. FRANZOSENGRABEN (was eine Abkür-
zung für VERLÄNGERTER, VERLASSENER, VERLORENER
sein mag), IM MENSCHENLICHT, RIECHE DEN FRÜH-
LING .. oder vielstimmig LICHTWERK (LICHTWARK bei
Goya), OBSESSIONELL MOSCHUS, PATSCHULI .. MA
MÈRE ..

Aus der Faust gegessen, rufe ich, irgendwie alles illusorisch, etwa zu glauben ich könnte mir jetzt irgend
etwas anderes vornehmen als Schreiben, ich meine die
Ägyptenmöglichkeit hat uns gestreift, ist aber bald
wieder vorübergezogen, Alt-Kairo in einem Innenhof
der Wiener Steppe, oder so ähnlich, mit Schachtel-
halmwäldern, bräunlicher Brunnenfigur, eine hervortretende Wahrheit, allmählich habe ich vergessen auf
ihn, in Büscheln nur noch, ragend aus zugefrorenen
Seestücken, eingetrocknetes Schilf ..

jetzt ist das alles vorbei, längst vorüber, der Regen, der
Wind, Zaumzeug des Fensters im Flockenwall, das
bunte Plaid vorgehängt, und fegend, spülend die
Straße, die Gasse hinunter .. vergangene Jahre .. ein
Gotteswinter .. auf dem Rücken des Hundes lag
Schnee.

Ich weiß das nicht mehr, ich weiß alles nicht mehr,
meine Erinnerung ist mir abhanden gekommen, mein
Atem bildet augenblicklich Kristalle, mein Haar steht
gegen den Himmel, ich finde den Fokus lange nicht
wieder, die grünen und roten Stifte auf meinem
Schreibtisch, rot springt zu grün um und umgekehrt,
plötzlich der lähmende Schlafzustand, drohe vorn-
über zu fallen, während niemand hinsieht, fast niemand hinsieht; ich war unwissend in vielen Dingen die

ich erst später, zu spät erfuhr, diese Veränderungen in mir wie soll ich alles verstehen, die Gefühle von früher sind kaum mehr nachzuvollziehen, heute nacht zum Beispiel, wie stellt das Herz die Verbindungen her, der Dattelkern in der Mitte des Zimmers, zwei schwarze Apfelkerne an seinen Polen, einzig bei der Sekunde selbst, ich hatte plötzlich Erinnerungslücken so daß ich mir wünschte, einer drehte mir den Kopf herum oder den Blick, wie einem unschuldigen Lamm oder Rind daß es aufmerksam würde auf etwas Bestimmtes, *das unterworfene unterwürfige Menschentier* .. daß es sehen lerne und hören und erleuchtet werde an Verstand, Gesicht und Gehör .. also mich, meinen Kopf auf den vollgerammelten Laden dort in der Straße gerichtet zum Beispiel, daß ich holen solle und tragen, achthaben solle auf alles .. einen langen Flor umgebunden, Schütteln des Kopfes, der Hände, Geläufigkeit des Systems und GEDANKENERZÄHLEN .. ich höre dann meine Stimme wie sie irgendetwas sagt *eigentlich hersagt*, eine neurotische Beziehung zu meinen Sinnesorganen, die Telefonzelle grün umbuscht, Ohren im Fensterladen, neurotisches Stirnauge (Oberbra), ich höre auch besser was ich sehe und umgekehrt, Sensationen des Auges, das Gesichtsfeld ganz ausgerollt, oder *mit allen Augen und Ohren sehen und hören* ..

hatte es zuerst so geschienen, als ob es sich nur um eine vorübergehende Erkrankung des rechten Ohrs handele, waren inzwischen Wochen ja Monate vergangen ohne daß sich mein Zustand gebessert hätte, zählte ich zunächst die Zeit meines Leidens nach Stunden und Tagen, waren es bald Wochen, ja Monate die verstrichen waren, ehe ich wieder das Haus verlassen wollte und konnte, hatte ich zunächst nur mit wenigen Tagen gerechnet, waren es inzwischen mehrere Wochen, ja Monate geworden. Ich saß gewöhnlich am Fenster, blickte von da auf die Straße, während ein stetiges Rauschen in meinem Kopf wie Windesrauschen mich ängstigte und verwirrte, meine Gedankenzusammenhänge in Aufruhr versetzte, ein Schliff und ein Schilf der Wellen, rufe ich, scharfrandig harfendes Gras, aus einem schrecklichen Traum gerissen, blutende Brust ..

ich saß am Fenster, blickte von da auf die Straße, ich sah, in diesem KÖRPER saßen sie vor dem gegenüberliegenden Haus, die Teerarbeiter saßen da und aßen ihr Frühstücksbrot, eigentlich war es ein riesiger Guckkasten in welchem sie saßen, eine lange Holzbank auf welcher sie aufgereiht saßen, und an der Rückwand des Holzkastens stand in großen Lettern das Wort KÖRPER, eine Hütte, rufe ich, umbuscht schon von Frühling, vor meinem Fenster, oder wie soll ich es nennen, Regenschreiber und -schleier, Eintragungen auf dem fliegenden Vorsatz, zusammengeschaut wie NACHTIGALL UND NADEL.

Irgendwie illusorisch, rufe ich, ich weiß nicht mehr woran ich mich erinnerte, vielleicht an die Altersflekken auf meinen Handrücken, oder an den Anblick der verwüsteten Zähne im Spiegel, die eingefallenen Wangen, und Augen, den kahlen Kopf .. manchmal brachte ich auch die Tageszeiten, die Jahreszeiten durcheinander, ich verwechselte Geschehnisse, die Namen von Städten und Ländern, die ich einmal bereist hatte, Geburts- und Namensfeste von Fami-

lienangehörigen und mir nahestehenden Personen, die
Namen von Freunden und die meiner Lieblingsauto-
ren, oder ich stellte es mir manchmal nur vor, daß ich
alles durcheinanderbrachte, ich meine es vermittelte
mir ein wohliges Gefühl in den Gliedern, im Kopf,
daß / damit ich irgendwo aufruhen kann, manchmal
völlig kopflos und hilflos, sah mir selbst tatenlos,
wehrlos zu, war oft nicht imstande, mich gegen
Anschuldigungen zu verteidigen, übertrug das Miß-
trauen das man mir allerorten entgegenbrachte so vollkommen auf meine Person, daß ich Mühe hatte, mich
von der zwanghaften Vorstellung zu befreien, ich
hätte mir dieses und jenes zuschulden kommen lassen,
etcetera; wußte nicht mehr, wie ich mich in kritischen
Situationen zu verhalten hätte, erschrak über die Not-
wendigkeit, meine Stimme aus mir hervorzuholen, am
liebsten hätte ich sie bei mir behalten, war kaum noch
in der Lage, Sätze zu formulieren im Bewußtsein der
zahllosen auf mich gerichteten Blicke, fühlte mich
unfähig, Sachverhalte zu erfassen, Anliegen vorzu-
bringen, Positionen zu vertreten, und hatte ich mich
doch einmal überwunden, mußte ich mir den einzigen
Satz, die wenigen Sätze auf einem Notizzettel vorschreiben, um überhaupt etwas sagen zu können, auch
schenkte man mir kein Gehör, wenn ich Anstalten
machte, etwas zu sagen, ich meine man war nicht
vorbereitet darauf, und ließ es mich spüren .. das sind
jedoch alles nur Vermutungen, rufe ich, ich würde am
liebsten aufstampfen!
Ich falle ins Knie, ich falle aber ins Knie, falle zu
Boden, stoße Dankgebete hervor, sobald mir ein Satz
auf der Maschine gelungen ist, was für ein Leben –

manchmal verschlingen mich Todesängste, manchmal hat mich das Grauen gepackt, manchmal fühle ich mein leibliches Ende nahen, und hätte ich dieses mein Schreiben nicht, diese meine pausenlose lebenserhaltende *Schreibarbeit*, ich hätte längst aufgegeben, ich hätte aufgegeben oder ich wäre dem Irrsinn verfallen, *ich schreibe meine Bücher wie ich sie schreiben muß*, rufe ich, *ausgezogen und ausgemantelt : die nackte Wahrheit!*, *aber es war ein harter Kurs, aber es gibt keine Ausflüchte mehr, Form und Inhalt bedingen einander, etcetera.*

Es geschieht ja alles mit einem dabei, ich meine man hat keine andere Wahl, aber man will es auch so, also sind wir schon fortgeschritten, im Begreifen ganz bestimmter wichtiger Dinge, sage ich, *oder ich bin schon ganz leicht, am Leben*, es ist lange her ich war ein Kind und es schneite viel, ich erinnere mich, also denke ich über Wert und Unwert, über Schönheit und Häßlichkeit und wie sie verschränkt scheinen nach, über Wahrheit und Täuschung, über Verführung und Wegfindung, die Materie ist immer irreal wie die Wellen des Meeres, über den tiefsten Schätzen, *verstehe wer kann!*

Dabei fällt es mir schwer, die Orientierung zu halten, rufe ich, ich verfalle ins Brüten, ich meine ich weiß oft nicht, was ich von Situationen halten soll, wie ich über Ereignisse und Erscheinungen denken soll, ich sehe dann alles nicht mehr, ich sehe dann alles nicht ein, bleibe unbeteiligt und außerhalb, halte mich gerne heraus.

Oder als verlorenes Kind, ich sehne mich nach dem VORSAGER also nach einer Person die mir alles vorsagt und einsagt was ich zur Aufrechterhaltung dieses meines allgemeinen und äußeren Lebens nötig habe, habe im Augenblick keine einzige Mundtasche zur Verfügung, kannst du mir folgen?

Gestrichene Passagen zum Beispiel, ich spreche von LERCH, das ist die Szene, da ist im Mann der Flammenengel offen, oder wie soll ich sagen, wir saßen voreinander, mein Blick verirrte sich plötzlich an seinen Schoß, glitt wie zufällig darüber, ich weiß nicht wie, ich kam immer wieder darauf zurück, aber er lächelte darüber oder er lachte es weg, ich aß im Stehen, wir liebten uns im Stehen, er stelzte mit mir in der Stube auf und ab, und frohlockend in der Blumenstube mit mir, auf und ab, hatte mich auf seine Füße gehoben, trabte mit mir umher, nämlich auf Storchenbeinen, ein sogenanntes Liebesglück, eine Volière das war es mit einem Vogelschwarm darin, und ich hörte es unablässig schwirren, Ausstrahlungen sind eine Macht, rufe ich, ich hörte es schwirren in meinem Kopf, plötzlich ein Schwarm von Leuten hinterher, wenn er wo auftauchte, besonders die jüngeren Frauen, halbvergangene Tage, im Grunde alles vergessen, verloren, verweht, alles dahin, das Leben ist weitläufig geworden, zu weitläufig um alles gleichzeitig zu überblicken, die Horizontlinie ist nicht mehr auszunehmen, ich bin ein Mensch ohne Erinnerung geworden, oder ich bin ein Mensch der fast keine Erinnerungen besitzt, eine Schwäche des Sehens vermutlich, Vogelgespann, beschleunigtes Zeitgeschehen, ein rosa Blühen im Garten, ich weiß nicht woran ich mich noch erinnerte oder ob ich nur im Begriffe war, mich auf eine Zeit des Erinnerns vorzubereiten, meine Pappfüße begannen

zurückzubleiben, begannen zu straucheln, Abtragung eines Gesichts, ich bestehe nur noch aus unzusammenhängenden Teilen, rufe ich, alles ist unübersichtlich geworden, alles verrottet, zerrüttet, verkommen, wenn ich nur an mein völlig heruntergekommenes HAUSUNWESEN denke, meine unvorstellbare Zimmerumgebung, in welchem ich mich nur noch im Gänseschritt fortbewegen kann, eigentlich bewohne ich ja nur noch Reste meines Zimmers, alles übrige vollkommen zugestopft mit Unrat, Plunder, Kram, was weiß ich, Berge von Büchern, Notizzettel, auf dem Boden verstreut, *oder meine Zettel, wirken und weben!* ich verliere die meisten Haare, bin nicht mehr Herr meiner selbst, verstehe wer kann, es ist lange her, ich war ein Kind und es schneite viel .. ich erinnere mich .. *wie ein Geweih gehe ich jetzt schlafen ..*
Wir sind bald am Ziel, ruft JULIAN, jetzt sind wir bald angekommen, unsere Reise geht zu Ende, und ausgeschwitzt, rufe ich, jetzt ist mein Leben bald ausgeschwitzt, der endlose Krampf überwunden, rufe ich, keine Ausflüchte mehr, keine Tränen mehr, über die maßlosen Lügen die mich mein ganzes Leben hindurch begleitet haben, also in Bruchteilen von Sekunden, ich verzichte auf alle Rücksichten und arbeite unabhängig von allen Anforderungen gesellschaftlicher Normen und Voraussetzungen, alle sechzig Jahre ein Feuerpferd, oder wie soll ich sagen, ich lehnte mich, ich glich mich an alles, an alle an, eine schamlose Ähnlichmachung und Ähnlichwerdung, überhaupt hat es in meinem Leben immer eine Rolle gespielt, daß ich mich anlehnen, und angleichen konnte, der kleine grüne Rucksack! ich hielt mich an meinem Rucksack

fest, die treue Umhängetasche, der alte Schirm! Geläufigkeit des Systems und GEDANKENERZÄHLEN .. ich glich mich an, um nicht aufzufallen, ich habe mich angeglichen, um nicht herangezogen, um nicht in den Mittelpunkt gerückt zu werden, ich habe mich immer angeglichen, zum Beispiel die Kleider, ich paßte die Kleider meiner Umgebung an, verglastes Waldstück und SCHNEEHEMD daß ich auf eine Sichtweite von fünf Metern kaum mehr erkennbar war, aber ich täusche mich.

Die letzten Jahre, rufe ich, haben uns beiden viel abverlangt, du bist weiter als du selbst annehmen konntest in das Reich der Imagination eingedrungen und nicht nur das, du hast den inneren Wahrheitsgehalt ausdrücken können, etwas Geschenktes zugegeben, aber ganz ohne Bemühen geht das nicht, man muß sich Tag und Nacht dafür offenhalten, ich meine opfern. Ich habe lange nach der Wahrheit gesucht aber die Wahrheit versteckt sich, eines Tages muß ich zu einem Ende kommen, oder doch wenigstens den Verlauf der Sache bedenken .. plötzlich die atembeklemmende Vorstellung, ich könnte mich nur noch *sackhüpfend* fortbewegen, hätte aus irgendwelchen Gründen die wunderbare Fähigkeit, ein Bein vor das andre zu setzen, eingebüßt, oder wie Jacques Derrida sagt : ».. es braucht ja Band und Knoten, um einen Schritt zu tun ..«, eine Erinnerung, ein Exkurs, in der Straße ein rosa Puppenarm, wenn ein Blatt fällt, zittert die Welt, wie stellt das Herz die Verbindungen her, was ich einst fühlte, habe ich beinahe vergessen, die Ströme der Verbundenheit fließen unter Getrenntestem hin, meine Zettel wirken und weben, ich lasse

die Zeit gleicherweise vor und rückwärts laufen, eine
Weltspiegelbühne, Sonne im Kopf, die gestapelten
Briefe zum Beispiel im Vorraum die ich nachts
schrieb, sind nicht mehr die meinen, haben den Empfänger aber noch nicht erreicht, befinden sich in einem
Zwischenbereich, so der letzte Blick durchs heruntergelassene Abteilfenster des Zuges, nicht mehr und
noch nicht, unzeitliche ABSCHNEIDUNG.

Ein Kürzel aus Haaren, also ein Anflug von, ich meine
im Anflug auf, ein schreckliches Krähen ein Krank-
sein, johannisblau vor meinen Augen, ein schwaches
Gesicht, von unten das Bellen, ein Widerbellen, in
mir, sie schlägt mit der Hand in die Luft, er wiederholt
jedes von ihr ausgestoßene Wort mit Emphase, sie läßt
die große Zuschneideschere über die glatte Tischplatte
schlittern in seine Richtung, genau auf ihn zu,
Schmerz und Verdammnis, in einem Winkel ich fange
zu weinen an, die Kissen rot vom Bluten der Zähne,
damals, im Wohnzimmer rund um den Tisch gelaufen,
auf Händen und Knien, nachahmend Bellen, Hecheln
des Hundes, die zankenden Eltern, ich wollte sie
abhalten, vor dem Schlimmsten bewahren, rufe ich,
wollte sie retten, ahmte das Bellen und Hecheln, das
Hundegebell von unten nach, daß sie aufmerksam
würden auf mich, lief auf Händen und Knien, auf
Händen und Knien, immer rund um den Tisch ..
solche Flamme ersticken zu machen ..

blutend das Fell der Brust, perforiert, blutendes Herz,
wie jeden Abend das laute Hundegebell von unten, ein
Bellen, ein Widerbellen in mir, ganz frei ganz freimü-
tig sprechen : das kann nur schmerzlich abgehen,
Schmerz eines Untergangs, endloser Mond, eine

Landschaftsfarbe plötzlich in schwarz, pinturas negras, Verschattung des Augs ..

unsere liebe Frau von der Reise, sage ich, draußen hat es geblitzt – – was ist draußen?

Die Zeit ist so verweht – – Hilfe, daß die Sonne so rot untergeht hinter meinen Bergen, und Augen, und Ohren .. bis wir alle endlich unser Ziel erreicht haben werden, nämlich *Meister des Vergessens* geworden sind und allesamt *Meister der Erinnerungslosigkeit* geworden sind und jenen endgültigsten aller endgültigen Zustände erreicht haben werden also den endgültigsten Grad unseres endgültigsten Verfalles .. (Wolken aus Zuckerstaub, verstehe wer kann).

Wir sind jetzt aus Frankreich zurück : einerseits war es zu lange, rufe ich, andererseits zu rasch vorüber.

Wie viele Leben, wie viele Frühlinge, rufe ich, werden noch sein?

Wie oft werden wir noch die schwarzglänzenden Äste des Kirschbaums sehen im Frühling, darin die Zeisige, Lerchen, Goldammern, Finken?

Wie lange werden die Jahre sich noch verlängern lassen, die Jahresringe, und immer weiter, weiter, und Jahr um Jahr, ich sehe jetzt weit, so weit. Bin wie der Mond und auserwählt, ein Vogel der sich an den Rand setzt und wartet, *und weiß nie ob es mich selbst meint oder nur meinen Schatten.* Der liebe Tag ..

Wien, November 1982-Dezember 1983

Bibliothek Suhrkamp

Alphabetisches Verzeichnis